I0817930

Cambia tu vida con Jane Austen

Carla Gracia

Cambia tu vida con Jane Austen

Edición a cargo de Francesc Miralles

Papel certificado por el Forest Stewardship Council®

Primera edición: octubre de 2025

Edición a cargo de Francesc Miralles

Printed in Spain – Impreso en España

ISBN: 978-84-03-52589-4
Depósito legal: B-14.320-2025

Compuesto en Mirakel Studio, S. L. U.

Impreso en Black Print CPE Ibérica
Sant Andreu de la Barca (Barcelona)

AG25894

A las almas libres que se aventuran
a vivir según sus propias reglas

Índice

PRÓLOGO
La búsqueda insaciable de la felicidad

> Ninguno de nosotros quiere estar en aguas tranquilas durante toda su vida.
>
> JANE AUSTEN, *Persuasión*

Si estás leyendo estas líneas, es que hay algo en tu vida que quieres cambiar. Puede ser algo evidente: un trabajo que no te gusta, una pareja que no te hace sentir amado o amada, falta de dinero o de propósito. También puede ser algo mucho más sutil: la sensación de que algo no encaja en tu vida o de que tú no encajas en este mundo. Buscas de modo incansable, y este libro es parte de tu búsqueda.

Yo también he buscado y Jane Austen me ha ayudado a encontrarme a través de sus libros y de su testimonio de vida.

Caminando con Jane Austen

Jane Austen ha sido parte de mi vida, como el color del techo de mi habitación de cuando era pequeña, la colonia de mi abuelo, la voz de mi madre o las empanadillas de mi abuela. He leído y releído tantas veces sus libros, he habitado sus historias durante tanto tiempo que en ocasiones me parece extraño que puedan pasar coches por la calle en lugar de carruajes tirados por caballos.

No es una obsesión, simplemente tengo la necesidad de vivir en un lugar donde el tiempo transcurre a una velocidad más humana. Hay ciertos valores que para mí contienen la esencia de la felicidad, y las cosas del corazón son más importantes que las apariencias.

Sufrí *bullying* en el colegio y durante muchos años me pregunté el porqué. No había hecho nada para merecerlo, si es que alguien puede merecer un trato así, pero con el tiempo (y mucha terapia) descubrí que mis compañeros no entendían que alguien no tuviera la necesidad de formar parte de un grupo para protegerse o de criticar a otros para parecer más fuerte. La sociedad ataca a quienes no buscan pertenecer al grupo y no siguen sus normas. Estas personas son un espejo de las debilidades de los demás y, por lo tanto, son un riesgo para el sistema.

Jane Austen lo sabía bien. De modo poco beligerante, pero con tenacidad, preservó su camino de vida, totalmente ajeno a aquello que marcaba la sociedad del momento. Decidió no casarse, aunque tuvo oportunidades para hacerlo, y dedicó su tiempo a escribir y a luchar para publicar sus obras. Además, a pesar de las limitaciones que padecían las mujeres para ver sus libros publicados, eligió un seudónimo femenino para firmar sus novelas; nunca se escondió bajo un nombre masculino.

De igual forma, las heroínas de las novelas de Jane Austen no siguen los preceptos que les marca la sociedad. Todas anhelan un destino hecho a su medida, decidido por ellas mismas, y están dispuestas a pagar el precio por no alejarse de esta búsqueda. No obstante, es justamente esta lealtad con ellas mismas lo que les permite alcanzar la vida que ansían.

Después de este doloroso episodio de *bullying* seguí buscándome. Primero hice lo que se esperaba de mí, para ver si acaso aquellos que me querían tenían razón. Por supuesto, tenían razón: logré hacerme un hueco en el mundo empresarial y de la comunicación; ganaba más dinero del que podía gastar y siempre que iba a una cena de amigos era la admiración de todos. Aun así, cada día al despertar sentía que estaba regalando mi tiempo, mi vida. Me sentía profundamente triste y vacía.

En aquella época me entrevistaron para trabajar en la sede de J. P. Morgan de Londres, uno de los bancos más importantes del mundo. Durante la entrevista me hicieron una pregunta que me perturbó. Era muy simple: «¿Qué libros tienes en tu biblioteca?».

La respuesta adecuada habría sido citar grandes obras sobre temas sociales, sobre economía, esos nombres etiquetados como «importantes» por nuestra sociedad. Sin embargo, me vino la imagen de mi casa y mi biblioteca. En aquel entonces yo vivía en un ático del Eixample de Barcelona, con una terraza, una ducha de agua caliente en el exterior y una gata llamada Amor. La biblioteca ocupaba prácticamente todo el piso. Había libros en mi habitación, en el baño, en la cocina y en el salón-comedor. Tenía sobre todo novelas de Jane Austen, Virginia Woolf, Dickens, Elizabeth Gaskell o las hermanas Brontë. También había un montón de libros de autoayuda para encontrar el modo de ser feliz. Recuerdo bien a las dos personas de J. P. Morgan que me estaban entrevistando en aquella sala de techos altos con molduras; estaba claro que esperaban, impacientes, una respuesta. No pude mentir, porque de repente me di cuenta de que aquel no era mi sitio.

Cuando salí del imponente edificio, como un castillo fortificado y sombrío, deambulé hasta Trafalgar Square y me senté en las escaleras de la National Gallery. Había perdido una oportunidad única. Pero ¿quería esa oportunidad?

Levanté la mirada al cielo y sonreí. En aquel momento sentí que algo en mi interior me estaba hablando y tiraba de mí en otra dirección: debía seguir esa voz.

Pasé el resto de la tarde en la librería que hay delante de la National Gallery releyendo mis libros favoritos, y fui feliz. Aquel día compré una edición preciosa de *Mansfield Park* que aún conservo. Sí, quizá ese día Jane Austen ya apuntaba el cambio en mi vida.

Más adelante, cuando ya había publicado mis primeras novelas y libros de no ficción, decidí que quería crecer como escritora. Como uno de mis grandes referentes seguía siendo Jane Austen, supe que Inglaterra era donde quería estudiar.

Con esfuerzo y tenacidad logré entrar en uno de los doctorados más prestigiosos del mundo, el PhD en Escritura Creativa de la Bath Spa University. Justo en Bath, donde Jane Austen vivió parte de su vida y donde se ambientan algunos de sus libros, seguí sus pasos como escritora y como mujer incansable y leal a sus propios valores.

Paseando por las calles de Bath, imaginando cómo era el mundo a finales del siglo XVIII y principios del XIX, sentí que quería vivir en esa época. Evidentemente, no quería volver a una esperanza de vida de cuarenta años y unas desigualdades sociales dramáticas. No. Sin embargo, había algo que no era capaz de encontrar en la actualidad, algo muy valioso: por el camino del llamado «progreso» habíamos perdido nuestro propio ritmo del tiempo y la conexión con aquello que es esencial: la vida íntima.

La sabiduría de Jane Austen

Cualquiera que lea las novelas de Jane Austen puede pensar que son historias de mujeres, sea lo que sea que esto signifique. Incluso algunos pueden ser lo bastante insensatos como para no acercarse a su obra y sentir prejuicios. Puede que tilden sus libros de novelas ligeras porque no tocan, como algunos dirían, temas «importantes», «serios».

El caso es que se equivocan. *El mundo está hecho de la vida íntima.* Quizá quien nos gobierna tiene un padre que no le supo querer lo suficiente; el presidente de una gran empresa que va a negociar una deslocalización ha soñado toda su vida con ese primer amor que dejó escapar; la mujer que decide los tipos de interés de un banco internacional tiene dolor de espalda y le cuesta ir a ver a su madre a la residencia porque se siente culpable por haberla dejado allí.

Nuestra vida no es la lista de logros, títulos, dinero, propiedades, relaciones sociales, contactos o *followers* que tenemos. El último día de nuestra vida, en ese último aliento, lo único que tendremos son los recuerdos del tiempo que hemos vivido y de las personas que nos han acompañado.

En *Mansfield Park*, la protagonista, Fanny Price, dice: «La vida parece una rápida sucesión de ocupaciones sin importancia». Y es que las ocupaciones sin importancia SON la vida, pues es lo que llena la mayor parte de nuestros días.

Durante los últimos doscientos años nos hemos perdido, sin lugar a duda. Hemos perdido los valores más esenciales del ser humano: vivir y compartir. El ritmo que llevamos no nos permite nada más, y lo único que hacemos para llenar el vacío es consumir y vender a las redes sociales una existencia postiza.

En ese sentido, Jane Austen nos invita a ser valientes y a valorar la ternura del corazón, los pequeños gestos en nuestro día a día y un ritmo humano del tiempo. *Se trata de recordar quién eres y de luchar por aquello en lo que crees.* Ser ambicioso: ser feliz.

Cambia tu vida con Jane Austen

Los valores que Jane Austen defendió, como la integridad, la libertad, el orgullo de ser uno mismo, la trascendencia del amor o la crítica a la superficialidad y a la jerarquía social, se reflejan en sus obras y en su vida personal. Como señala su biógrafa Claire Tomalin,[1] Austen fue una mujer de «valentía moral inquebrantable», que supo navegar por las restricciones de su tiempo con ingenio y firmeza.

Por su parte, David Nokes[2] destaca cómo su resistencia a aceptar un matrimonio de conveniencia, a pesar de la presión social y familiar, demuestra su compromiso con sus principios. Y también cómo traslada estos principios a sus novelas.

Devoney Looser[3] enfatiza el coraje de Austen al abordar en su obra las injusticias sociales, especialmente en lo relativo a la posición de la mujer.

Es hora de que Jane Austen sea recordada no solo por su ingenio y su capacidad narrativa, sino también por la valentía con la que vivió y por los valores que, de modo sagaz y diáfano, supo transmitir a través de su obra.

Pero seamos prácticos: ¿qué tiene que ver la existencia acomodada y los valores de una familia de la nobleza rural inglesa durante la Regencia con nuestra actual vida apresurada, llena de urgencias, necesidades económicas, excesivas horas de trabajo, actividades y tecnología?

Tiene *todo* que ver. Porque el escenario puede haber cambiado, pero el fondo es el mismo. Con o sin teléfono móvil, todos aspiramos a la libertad personal, a reivindicar

---

[1] Tomalin, C., *Jane Austen: Una vida*, trad. de Beatriz López-Buisán, Barcelona, Circe, 1999.

[2] Nokes, D., *Jane Austen*, Londres, Faber Finds, 2014.

[3] Looser, D., *The making of Jane Austen*, Maryland, Johns Hopkins University Press, 2017.

nuestro valor, a ser reconocidos, a prosperar, a sentirnos bellos y buenos, a amar y ser amados.

Esto último es quizá el quid de la cuestión, y un poeta contemporáneo de Austen, el escandaloso Lord Byron, lo resumía así al final de su *Manfredo*:

El amor es lo único que hay que ganarse en la vida.
Todo lo demás se puede conseguir robando.

Y la pregunta es: ¿cómo podemos ganarnos ese amor? Más concretamente: ¿cómo se gana el amor por uno mismo, que es el fundamento de cualquier otra clase de amor?

Este es uno de los grandes temas que trataré a lo largo del presente libro.

Todos estamos expuestos a las presiones del entorno —aún más con el desarrollo de las redes sociales—, y necesitamos distinguir y perseguir nuestro propio camino para realizar nuestro propósito en la vida, de modo que alcancemos la felicidad que supone la paz del alma.

En las siguientes páginas aprenderemos las grandes lecciones que nos brinda Jane Austen y cómo aplicarlas a través de ejercicios prácticos a nuestro día a día para cambiar nuestra vida y encaminarnos hacia nuestro destino.

Para ello, este libro se divide en diecisiete temas importantes para mejorar tu vida:

- El orgullo de ser tú
- El coraje de definirte más allá de la familia
- El mundo es el reflejo de tu mirada
- El gozo de aprender para ser

- Osadía y sensibilidad
- Sortear el ruido cotidiano
- La verdadera belleza
- La rueda de la fortuna
- El hogar como ancla del alma
- Las primeras impresiones
- Las segundas oportunidades
- Los cambios son para bien
- Seguir tu propio camino
- El arte de sostener el propio corazón
- El poder del arrepentimiento
- El desafío de no rendirse
- Recuerda que eres un ser salvaje

Déjate inspirar por una autora que ha enamorado a sus lectores a lo largo de los siglos. Aprendamos de ella por cómo supo enfrentarse a las adversidades, por su fuerza interior y sus valores.

¿Quién fue Jane Austen?

Aunque en este libro profundizaremos en la vida de Jane Austen y las claves de su sabiduría contenidas en sus obras, quisiera hacer una breve introducción sobre nuestra protagonista y su historia.

Jane Austen nació en 1775, el mismo año en que Estados Unidos declaró la guerra al Imperio británico, el mismo año en que nacieron Friedrich Schelling, filósofo y máximo exponente del idealismo y el romanticismo alemán que afirmó que «el ser humano es esencialmente su propia obra», y Joseph Turner, conocido como el pintor de la luz. Era un momento de cambio en la historia de la humanidad. Los grandes imperios empezaban a desmembrarse, se ponían en duda las monarquías y la aristocracia, y crecía la burguesía, es decir, la percepción de lo que las personas podían llegar a ser más allá de lo que marcaban sus orígenes.

Dickens en *Historia de dos ciudades* (1859) describe ese momento histórico así:

> Era el mejor de los tiempos, era el peor de los tiempos, era la edad de la sabiduría, era la edad de la locura, era la época de la fe, era la época de la incredulidad, era la estación de la Luz, era la estación de las Tinieblas, era la primavera de la esperanza, era el invierno de la desesperación, lo teníamos todo delante de nosotros, no teníamos nada delante de nosotros, todos íbamos directamente al Cielo, todos íbamos directamente en dirección opuesta.

Ya no tenía sentido delegar la propia vida en otro, fuera monarca o señor, era el fin de la renuncia. Nacía la identidad individual, la voluntad de ser.

Jane Austen contribuirá también al nacimiento y desarrollo de este sentimiento de voluntad individual en contra de la presión social. Sus heroínas, tal como ella hizo en su propia vida, no se doblegarán nunca a la presión social; escogerán su propio destino, asumiendo todas las consecuencias.

La pequeña Jane

Jane Austen nació en la localidad inglesa de Steventon, Hampshire. Era la séptima de los ocho hijos del reverendo George Austen y su esposa, Cassandra Leigh. Su familia pertenecía a la pequeña nobleza rural. Sin embargo, George Austen fue un hombre ilustrado y se aseguró de que Jane y sus hermanos tuvieran acceso a una educación sólida, algo poco común para muchas mujeres en esa época.

Aunque Jane no recibió una educación formal extensa,

su padre la instruyó en casa y alentó su interés por la literatura. Creció rodeada de libros. La biblioteca de la familia Austen contenía una variedad de obras que iban desde la historia hasta la literatura clásica y contemporánea. La lectura constante desde pequeña influyó tanto en sus valores como en sus habilidades narrativas.

El reverendo Austen también fue un gran defensor del talento literario de su hija, cosa extraña en un padre por aquel entonces. En 1797, cuando Jane tenía solo veintiún años, intentó ayudarla a publicar su primera novela, *First Impressions* (que más tarde se convertiría en *Orgullo y prejuicio*), pero fue rechazada por el editor. A pesar de este revés, su apoyo y su estímulo no menguaron y proporcionó a Jane una autoestima y una valoración por su obra y sus capacidades intelectuales.

Una prueba de la influencia que tuvo el reverendo en su hija es que aparecen hasta siete personajes del clero en las obras de Austen. Aunque algunos de ellos son objeto de burla (como Mr. Collins en *Orgullo y prejuicio*, o Mr. Elton en *Emma*), la mayoría son personajes íntegros, con principios sólidos, respetables, inteligentes y de carácter amable.

Más allá de las apariencias

Tras la jubilación de su padre en 1801, la familia se trasladó a Bath, una ciudad a la que Jane nunca se adaptó por completo. Bath aparece en dos de sus novelas: *La abadía de Northanger* y *Persuasión*. En ambas describe esta ciudad de aguas termales, muy popular en aquel tiempo, como un hervidero de actividades, pero también como un escaparate social con un ambiente frívolo y superficial.

Por ejemplo, en *Persuasión*, narra cómo percibe Bath la protagonista, Anne Elliot:

> Persistió en una muy decidida, aunque muy silenciosa, aversión a Bath; captó la primera vista borrosa de los extensos edificios, humeando bajo la lluvia, sin ningún deseo de verlos mejor.

Fue una desgracia lo que llevó a Jane de regreso a la ruralidad, donde se sentía más cómoda. En 1805 muere el reverendo Austen, dejando a su viuda y a sus hijas Jane y Cassandra a merced de sus hermanos, como ocurre con las hermanas Dashwood en *Sentido y sensibilidad.*

Tras mudarse en varias ocasiones, cada vez a un emplazamiento más económico y modesto que el anterior para poder subsistir, fue Edward, el tercero de los hermanos Austen, quien en 1809 puso a disposición de su madre y sus hermanas una casa de campo en Chawton. Fue en esta casa, pequeña y sin lujos pero acogedora y rodeada de naturaleza, donde Jane volvió a encontrarse consigo misma y con su escritura. Y en esta última etapa de su vida fue cuando escribió sus obras más importantes.

Cassandra y la sororidad en Jane Austen

En toda la obra de Austen destaca la importancia de las relaciones que se establecen entre las mujeres. En algunos casos esta relación se da entre hermanas; en otras, entre amigas o incluso entre mujeres que se conocen poco pero se prestan apoyo.

Jane Austen desarrolló este profundo sentimiento de sororidad, como se denomina hoy, gracias a su hermana mayor, Cassandra, seguramente el vínculo más profundo que tuvo en su vida. En los periodos en los que estaban separadas, Jane y Cassandra se escribían cartas casi todos los días. Su relación fue de total intimidad, confianza y apoyo mutuo. Cassandra era el principal apoyo emocional de Jane.

Para enfado de estudiosos y académicos que se han visto privados de mayor información sobre la vida de la autora, tras la muerte de Jane, en 1817, Cassandra quemó muchas de sus cartas. Sin embargo, ¿querríamos que todo el mundo conociera nuestros más recónditos secretos cuando ya no estemos aquí?

Me inclino a pensar que Cassandra fue el refugio de Jane y su gran protectora, incluso tras su muerte. Algo que no hizo, por ejemplo, Max Brod con su amigo Franz Kafka, quien le pidió que quemara sus escritos inéditos.

Amor, compromiso y libertad

En cuanto a su vida amorosa, se cree que Jane tuvo dos relaciones importantes. La primera fue con Tom Lefroy, un joven irlandés estudiante de Derecho que conoció en 1795. Aunque había atracción e interés mutuo, por la posición social de la familia de Lefroy, Tom estaba destinado a casarse con una mujer más rica, así que el romance no pudo prosperar.

Años después, en 1802, Jane aceptó la propuesta de matrimonio de Harris Bigg-Wither, un hombre adinerado que pertenecía a su círculo social. Sin embargo, para sorpresa de todos, al día siguiente de haber dado el sí, Jane cambió de opinión. Los motivos se desconocen, pero el hecho de rechazar a un hombre que le ofrecía la seguridad económica que necesitaba refleja su fuerte carácter, pues no estaba dispuesta a casarse sin amor, algo inusual para su época.

Este carácter lo veremos en algunas de las heroínas de sus novelas. En una carta dirigida a su sobrina favorita, Fanny Knight, en 1814, le aconsejaba: «Cualquier cosa es preferible o soportable antes que casarse sin afecto».

La publicación de su obra y el reconocimiento

Jane comenzó a escribir a finales de la década de 1790, pero no fue hasta 1811 cuando publicó su primera novela, *Sentido y sensibilidad*, bajo el seudónimo «By a Lady». Esta fue seguida de *Orgullo y prejuicio* (1813), *Mansfield Park* (1814) y *Emma* (1815). Tras su muerte, en 1817, su hermano Henry se encargó de la publicación de sus novelas póstumas: *La abadía de Northanger* y *Persuasión*.

Jane Austen tuvo un público fiel en vida y logró algunas buenas críticas, como la del célebre autor de *Ivanhoe*, sir Walter Scott:

> Esa joven dama tenía un talento para describir los enredos, los sentimientos y los personajes de la vida ordinaria,

> que para mí es lo más maravilloso que he encontrado. Los cuadros de la vida y los modales ordinarios que nos ofrece son más fascinantes por la verdad de los cuales están impregnados y el interés por el que son representados.

Aunque no fue hasta años después de su muerte que creció su popularidad y se convirtió en una de las escritoras más queridas y respetadas de la literatura inglesa, con decenas de millones de ejemplares vendidos, traducida a más de treinta y cinco idiomas, y setenta adaptaciones cinematográficas y televisivas. Hoy en día, solo en la página de lectores Goodreads tiene más de tres millones de valoraciones.

Sus últimos días

Jane Austen falleció el 18 de julio de 1817, a los cuarenta y un años, tras varios meses de enfermedad. Los primeros síntomas comenzaron a manifestarse en 1816. Aunque continuó escribiendo y revisando sus obras durante algún tiempo, su salud se deterioró rápidamente.

Los historiadores han debatido mucho sobre la causa de su muerte, pero la mayoría cree que sufría de la enfermedad de Addison, un trastorno endocrino que afecta a las glándulas suprarrenales. Otra teoría sugiere que pudo haber padecido linfoma de Hodgkin, un tipo de cáncer. Los síntomas que Jane experimentó, como fatiga, dolores, hinchazón y la apariencia oscura de su piel, encajan con estas dos afecciones.

A pesar de su mala salud, Jane mantuvo su sentido del

humor y su amor por la literatura. Incluso en sus últimos meses continuó trabajando en su novela inacabada *Sanditon*, hasta que su condición física se lo impidió por completo.

En mayo de 1817, Jane se trasladó junto con su hermana Cassandra a la ciudad de Winchester, en busca de una mejor atención médica. En una casa de College Street, bajo los cuidados constantes de Cassandra, fue donde Jane Austen murió. También sería enterrada en esta ciudad el 24 de julio de 1817.

Es curioso descubrir que en su lápida no se mencione que fuera escritora ni haya ninguna referencia a su talento literario. La inscripción dice:

> En memoria de Jane Austen, la hija más joven del difunto reverendo George Austen, anteriormente rector de Steventon en este condado. Partió de esta vida el 18 de julio de 1817, a los 41 años, después de una larga enfermedad soportada con la paciencia y las esperanzas de una cristiana. La benevolencia de su corazón, la dulzura de su carácter y los extraordinarios dones de su mente le obtuvieron el afecto de todos los que la conocieron, y el amor más cálido de sus conexiones íntimas. Su dolor es proporcional a su afecto; saben que su pérdida es irreparable, pero en su más profunda aflicción se consuelan con la firme, aunque humilde, esperanza de que su caridad, devoción, fe y pureza hayan hecho su alma aceptable a los ojos de su Redentor.

Es evidente que si Jane Austen hubiese sido un hombre se habría ensalzado su carrera literaria. Sin embargo, tal vez en esto haya también una última enseñanza.

Fijémonos en el amor que irradian estas palabras. Quizá todos prefiramos morir dejando atrás este recuerdo lleno de amor, habiendo vivido a nuestra manera y con nuestro corazón en paz. Hay numerosos autores vanagloriados por sus obras, pero terriblemente desgraciados en vida (y más de uno ha hecho desgraciado a su entorno, como el citado Lord Byron).

Jane Austen, no. Ella no solo fue una genial escritora, sino una mujer sabia que, todavía hoy, nos enseña a vivir.

1
El orgullo de ser tú

Una de las obras icónicas de Jane Austen es, sin duda, *Orgullo y prejuicio*. Un título conceptual, como también lo es *Sentido y sensibilidad*. No da pistas sobre el argumento, pero sí sobre el tema que sobrevuela esta historia de amor, llevada al cine en 2005 por Joe Wright, con una espléndida Keira Knightley como Elizabeth Bennet.

El punto de partida de la trama es una familia de la nobleza rural que quiere casar a sus cinco hijas. El alquiler de una propiedad cercana por parte de un hombre adinerado va a revolucionar las expectativas de las Bennet, sumado a la aparición de Mr. Darcy, amigo personal del recién llegado y mucho más rico que él.

Parco en palabras y taciturno, enseguida se granjea fama de ser orgulloso y arrogante. Esto provoca la siguiente reflexión de Mary, la tercera de las hermanas Bennet:

> La arrogancia y el orgullo son cosas muy distintas, aunque a menudo se tomen como sinónimos. Una perso-

> na puede ser orgullosa sin ser arrogante. El orgullo se refiere más a nuestra opinión sobre nosotros mismos; la arrogancia, a lo que deseamos que los demás piensen de nosotros.

Me parece una distinción brillante, ya que el orgullo bien entendido redunda en la autoestima y el carisma de la persona, mientras que la arrogancia nos hace esclavos de la opinión de los demás; convierte el ego en una fortaleza demasiado vasta, con mil puertas que defender.

La debilidad de los arrogantes

Todo el mundo conoce a gente así: siempre luchando, a veces de forma agresiva, por lograr la validación de los demás. De hecho, la etimología de la palabra ya lo dice todo: *arrogare*, en latín, significa «apropiarse» de algo que no es tuyo. Por lo tanto, «arrogante» es aquella persona que se atribuye méritos o exagera sus capacidades.

Este no es el caso de Mr. Darcy, de quien todo el mundo habla pero que no se reivindica ni hace acto alguno de ostentación. Es orgulloso, sí, pero de eso hablaremos en el siguiente punto.

La persona arrogante es narcisista y débil al mismo tiempo. Tiene tal necesidad de reconocimiento que se desgasta tratando de atraer el beneplácito y la admiración de los demás. Por este motivo, la arrogancia queda evidenciada en estas actitudes:

- No reconoce ni escucha al resto, y aprovecha la menor ocasión para hacer de portavoz de sus méritos, con lo cual se hace pesado o cae en el ridículo.
- Su compañía no resulta atractiva, porque el arrogante exige y no aporta, tiene un obvio desequilibrio entre el recibir y el dar.
- Llega a irritar a su entorno con su obsesión por llevar la razón. Por un ego inflamado, la arrogancia hace que quien la sufre no acepte opiniones ajenas. Como un niño que se cree el centro del universo, reclama su trono y es incapaz de aprender de los demás.

Por estas y otras razones, ser arrogante no nos ayuda en la vida. Al contrario, nos convierte en seres risibles y tristemente dependientes.

Orgullosa de ser tú

Volviendo a las sabias palabras de Mary Bennet, el orgullo se refiere a «nuestra opinión sobre nosotros mismos». Tener un buen concepto de ti no es arrogancia sino autoestima, además del primer requisito de la marca personal.

Reconoces que tienes algo valioso que entregar al mundo y no necesitas que las personas de tu círculo inmediato te den la razón. Tan solo lo sabes, y con ello empiezas a irradiar tu luz.

Todo el mundo necesita algo de lo que sentirse íntimamente orgulloso. Seas un buen artista, terapeuta, administrador… cualquier talento que tengas has de agradecértelo, sin compararlo con lo que tienen o no los demás. Se trata de enorgullecerte de lo que haces. Eso te aportará sentido y propósito, además de ser un posible faro para otros.

Este orgullo bien entendido puede nacer de un don o un talento que has reconocido en ti, de tu facilidad para moverte y brillar en determinadas situaciones —lo que sir Ken Robinson llamaba el «Elemento»—, de una capacidad tan humana y necesaria como saber escuchar o ver más allá de los primeros árboles del bosque.

Una puede sentirse orgullosa también de haber aprendido después de equivocarse en el pasado, de haber superado miedos, de haber crecido y evolucionado.

Tienes mucho que reconocer y celebrar.

ORGULLO Y BENEFICIO

Ya se trate de actitudes, dones o hechos, haz una lista de cinco cosas de las que te sientes orgullosa y anota los beneficios que eso ha aportado o aporta tanto a ti misma como a los demás. Por ejemplo:

Me enorgullece no ceder fácilmente a las provocaciones cuando alguien me trata con arrogancia o desconsideración.

BENEFICIO: Con ello evito que me roben la paz mental, me ahorro una energía preciosa y, además, no molesto a otros tratando de defender mi ego.

Ahora es tu turno, enumera cinco motivos de orgullo y el beneficio que eso supone:

1. ....

BENEFICIO: ....

2. ....

BENEFICIO: ....

3. ....

BENEFICIO: ....

4. ....

BENEFICIO: ....

5. ....

BENEFICIO: ....

El orgullo como escudo protector

Además de ser la base de la autoestima y de la marca personal, cultivar un orgullo sano es un escudo protector contra las inclemencias de la sociedad. La falta de orgullo hace que una persona se mantenga como el eslabón débil de una relación tóxica, implorando apoyo y amor. Esa carencia hará que, sin darnos cuenta, nos rebajemos ante los demás, mendigando su cariño y su reconocimiento, lo cual solo hará que bajemos puntos en su valoración.

En una reflexión atribuida a Robert De Niro, este gran actor neoyorquino sostiene lo que sigue:

> No todo aquel que quieres en tu vida te quiere en la suya. Así que no te desgastes tratando de quedar bien o haciéndoles favores cuando en realidad no les importa un comino si estás presente o no. Enfoca tu energía en aque-

> llos que realmente valoran tu presencia y te aprecian por ser quien eres. La vida es demasiado corta para invertir tiempo y esfuerzo en personas que no te corresponden. Rodéate de aquellas que te hagan sentir valioso y te apoyen en cada paso del camino.

La falta de orgullo no solo hace que establezcamos relaciones con personas que no nos hacen ningún bien. Al entregar nuestra energía a quienes no nos corresponden, haciéndonos presentes allí donde no nos merecen, desatendemos a las personas que sí son nutritivas y cuya compañía nos ayudará a cumplir nuestros objetivos vitales.

Sobre esto, Jay Shetty, famoso por su best seller *Piensa como un monje*, nos aporta una lúcida conclusión sobre lo que estamos hablando:

> Lo que sucede muchas veces es que ignoramos a quienes nos apoyan y apoyamos a quienes nos ignoran. Amamos a quienes nos lastiman y lastimamos a los que nos aman.

Si te reconoces en este *statement*, aunque solo sea en parte, entonces ha llegado el momento de que introduzcas cambios significativos en tu manera de relacionarte.

Los regalos del orgullo

Decía el escritor A. P. Gardner que «el mundo adora el talento, pero recompensa el carácter», y la conclusión de *Orgullo y prejuicio* es una buena muestra de ello.

De entre las muchas candidatas que el apuesto y adinerado Mr. Darcy podría haber elegido para pedir su mano, él se decide por la segunda hija de los Bennet.

La «orgullosa» Elizabeth lo trata de igual a igual desde el principio, sin pasarle una sola descortesía. Que sea una mujer de carácter, a diferencia de las personas serviles y aduladoras que le rodean, es lo que despierta la admiración y el aprecio de Mr. Darcy, que se ve rechazado por ella en su primera petición de matrimonio.

La heroína de Jane Austen se enfrenta a la despótica y poderosa lady Catherine, la tía de Mr. Darcy, cuando esta se presenta en la casa de los Bennet para asegurarse de que Lizzy —de una familia de menor rango— no aceptará una nueva proposición de su sobrino. Ante eso, la joven responde:

> Solo estoy dispuesta a proceder de la manera que considere más apropiada para mi felicidad, sin tener en cuenta lo que piense usted ni ningún otro.

Estas palabras, pronunciadas desde el orgullo bien entendido, llegan a oídos de Mr. Darcy, que deduce de ellas dos cosas:

1. La esperanza de obtener, en un segundo intento, la mano de la mujer a la que admira y ama.
2. La confirmación de que Elizabeth Bennet es una mujer de fuertes principios, que no se deja amilanar por nadie. Justo la pareja que él siempre ha deseado.

Cuando finalmente ella acepta su amor, la misma Elizabeth le explica a él las razones por las que ha sido elegida:

> Estabas harto de cortesías, de deferencias, de atenciones. Te disgustaban las mujeres que hablaban, miraban y pensaban siempre solo para conseguir tu aprobación. Yo te irrité y te interesé por no parecerme a ellas. [...] Desde el fondo de tu corazón despreciabas a las personas que te cortejaban con tanta asiduidad.

La conclusión a la que llegamos en este capítulo es que nada tiene más valor, para el éxito y la felicidad de cualquier clase, que ser uno mismo y respetar las propias prioridades. De hecho, esta rebeldía o falta de convencionalismo es lo que hace que Lizzy acabe amando a Mr. Darcy, tras haber rechazado a otros candidatos a su corazón, como su primo clérigo.

Y para terminar, una frase del premio Nobel de Literatura André Gide:

Es mejor ser odiado por lo que eres que amado
por lo que no eres.

Y yo añadiría que, en el ejercicio de ser una misma, vas a cosechar algunas aversiones que a menudo son admiración encubierta. Sin embargo, también te ganarás la admiración sincera de otras personas.

2
El coraje de definirte más allá de la familia

No cabe duda de que la familia nos marca profundamente. Determina nuestros genes y herencia física, así como nuestros recursos y el entorno en el que crecemos. Por otro lado, también afecta a nuestro modo de definirnos y de interactuar con el mundo.

Jane Austen lo supo desde muy temprana edad. Entre los diecinueve y los veinte años escribió una novela formidable: *Lady Susan*. Debido a su corta extensión, acostumbra a considerarse como una obra secundaria. Sin embargo, los académicos le han otorgado más valor con los años por la profundidad de los personajes y el manejo de la estructura narrativa en un género tan difícil como la novela epistolar.

La obra narra las intrigas de lady Susan Vernon, viuda, guapa, inteligente, manipuladora y narcisista, que busca solo su placer y su interés y maltrata psicológicamente a su hija, de la cual apenas se ocupa y la considera una carga.

Sin duda la relación entre Jane Austen y su madre fue, como mínimo, fría y tensa.

La familia hace al artista

Si indagamos en las vidas de escritores, pintores o creadores de cualquier clase, también de líderes de proyectos empresariales, descubriremos que parte de su impulso creativo procede de una relación conflictiva con la familia.

Justamente porque no fuimos comprendidos, o porque sentimos que nos imponían un rol que no queríamos seguir, eso desató nuestra rebeldía y el ansia de buscar el propio destino, como las heroínas de Jane Austen.

Un ejemplo brillante fue Franz Kafka. Este icono de la literatura del siglo XX creció bajo el yugo de su padre, que regentaba una tienda de ropa y accesorios de moda para caballero. Pese a que logró alcanzar una posición acomodada —prueba de ello fue que el autor de *El proceso* pudo estudiar Derecho—, siempre restregaba a sus hijos todas las penalidades que tuvo que vivir en su juventud por formar parte de la minoría alemana que había sufrido el maltrato de los nacionalistas checos.

A Franz Kafka le hastiaba ese victimismo, lo cual, sumado a la pobre inteligencia emocional del hombre y el escaso cariño hacia sus hijos, hizo que el autor escribiera la famosa *Carta al padre*.

En su primera versión tenía nada menos que 103 páginas manuscritas, aunque Franz hizo varias reescrituras hasta «reducirla» a un legajo a máquina de 45 páginas; más o menos la extensión de *Lady Susan*.

Según cuenta su amigo y biógrafo Max Brod, Kafka se la dio a su madre para que se la entregara a su destinatario, pero la buena mujer nunca lo hizo. A saber cómo habría reaccionado aquel hombre educado en las rigideces del siglo XIX.

Sin embargo, escribir esa «carta al padre» supuso un gran descargo para Franz, ya que en ella volcó todos sus miedos, frustraciones y lastres emocionales. Recordemos cómo empieza:

> Querido padre:
>
> Hace poco tiempo me preguntaste por qué te tengo tanto miedo. Como siempre, no supe qué contestar, en parte por ese miedo que me provocas, y en parte porque son demasiados los detalles que lo fundamentan, muchos más de los que podría expresar cuando hablo.

La carta es una obra maestra de la observación y el autoanálisis, y le sirvió al escritor de Praga para entender qué clase de relación había vivido con su padre y cómo eso le había conformado tal como era.

Veamos un ejemplo de ello:

> Tus sumamente efectivos y, conmigo al menos, infalibles recursos retóricos en la educación eran: insultos, amenazas, ironía, risa maligna y —curiosamente— autoinculpación.
>
> [...] En tus conversaciones en casa y sobre todo en la tienda, caían sobre otras personas de mi entorno tales oleadas de insultos que, de niño, a veces estaba casi ensordecido por ellos y no tenía motivos para no aplicármelos también a mí, puesto que la gente a la que insultabas no era seguramente peor que yo, y tú no estabas seguramente menos contento con ellos que conmigo.

La carta añade toda clase de detalles para describir —no siempre de forma negativa— la tan alargada sombra del padre. Estoy segura de que este ejercicio íntimo literario, que ocupó a Franz dos semanas, fue un exorcismo en toda regla. Por eso no fue tan importante, al fin, que el mensajero —su madre— no cumpliera con su cometido.

Un ejercicio de gratitudes

El coach uruguayo Mario Reyes tiene un ejercicio de escritura terapéutica mucho más breve y sencillo que el de Kafka para clarificar —en positivo— la relación con los padres.

Se trata de elegir a aquella persona de la familia con la que hemos tenido una relación más difícil y, a partir de ahí, escribir dos cosas que se han aprendido de ella: una por imitación, porque te resultaba admirable, y otra por oposición, porque esa característica te provocaba tanto rechazo que desarrollaste la cualidad contraria.

Dos ejemplos:

> *(+) Gracias, papá, porque con tu mentalidad trabajadora me has enseñado a esforzarme por todo lo que quiero conseguir.*

> *(–) También te doy las gracias, papá, porque con tu parquedad de palabras, que tanto me confundió, aprendí la importancia de decir lo que pienso y lo que siento.*

Antes de volver con Jane Austen, te propongo que te sumes a este ejercicio, tras elegir a aquella persona que ha tenido una influencia más fuerte —para bien y/o para mal— en tu vida. Puedes poner dos o tres «gratitudes» en cada una de las secciones, la positiva y la negativa, y leerlo en voz alta.

Con ello, además de integrar los aprendizajes, atesorarás cierta paz en tu corazón.

Cómo nuestra familia influye en quienes somos

Existen dos factores importantes que influirán en la relación entre Jane Austen y su madre. Por un lado, Jane fue la séptima de ocho hermanos. La madre, una mujer «con talento y miembro de una familia con estirpe, acomodada y viajera»,[4] debió de quedar agotada después de dar a luz a seis hijos y de una vida de trabajo duro en el campo y la rectoría de Steventon.

Jane Austen nació más tarde de lo previsto y también fue más grande de lo normal (de adulta sería una mujer de un metro setenta y tres, cuando la media en las mujeres de su época era de un metro cincuenta y ocho).

Su nacimiento fue poco celebrado. Su padre apenas habla de ello en una carta a unos familiares, donde dice: «Ahora tenemos otra niña, un juguetito para Cassy y una futura compañera. Se llamará Jenny». Pero después de dar esta

---

[4] Worsley, L., *Jane Austen en la intimidad*, trad. de Victoria Simó Perales, Barcelona, Indicios, 2017.

información sigue hablando de temas cotidianos, como si Jane fuera una cosa más de su día a día.

Por otro lado, al poco tiempo de ser bautizada, Jane tuvo que abandonar el hogar familiar. Como ocurría a menudo en la época, la llevaron a un hogar distinto con otra familia; seguramente fue a la granja Cheesedown, con los Littleworth, quienes la criarían junto a sus hijos durante años:

> Los primeros biógrafos de Jane, miembros de la familia, solían afirmar que el clan estaba estrechamente unido, la vida discurría en armonía y la rectoría era autosuficiente. En épocas más recientes, sin embargo, los investigadores han señalado que, entre el periodo de la crianza y su etapa escolar, Jane pasaría casi cinco años de sus primeros once años de vida lejos de su hogar y de su madre [...].[5]

Cuando nuestras relaciones familiares inspiran nuestras obras

Lady Susan da mucho que pensar. Justamente es la única novela de Jane Austen de género epistolar; por lo tanto, empleó una voz narrativa mucho más próxima que la que usaría después.

Con diecinueve años, Jane construye el perfil de una madre narcisista con una claridad psicológica que asusta: el personaje tiene un sentido exagerado de su propia impor-

---

[5] *Ibid.*

tancia, una necesidad excesiva de admiración y una total falta de empatía hacia los demás.[6] Tiende a manipular situaciones y a personas para proteger su autoestima y mantener su imagen elevada, como destaca el National Institute of Mental Health (NIMH)[7] para definir el narcicismo. Sus comportamientos priorizan sus propias necesidades, sin considerar las de los demás.

Lady Susan Vernon es así. ¿Cómo logró Jane Austen, a sus diecinueve años, retratar con tanta precisión el perfil psicológico de una madre narcisista sin tener los conocimientos modernos de psicología?

Es cierto que el hecho de que una nodriza o una institutriz criara a los hijos era habitual en el nivel social de la familia Austen. Sin embargo, no debía de ser tan natural, pues el reverendo Austen escribió en una carta: «Puede que no sea la situación que un padre amoroso elegiría, pero la Providencia así lo ha dispuesto por la felicidad de los niños». Esto nos permite suponer que él hubiera querido otra situación.

¿Cómo era la madre de Jane Austen? ¿Puede ser que la escritora encontrara en su madre y en su relación con ella inspiración para su novela?

La madre de Jane era una mujer que, aun sin ser especialmente bella, destacaba tanto por su presencia física como por su ingenio y su fuerte carácter. Lucy Worsley recoge en

---

[6] American Psychiatric Association, *Diagnostic and Statistical Manual of Mental Disorders* (DSM-5), 5.ª ed., 2013.

[7] National Institute of Mental Health, *Personality Disorders*, s/f. Recuperado de <https://www.nimh.nih.gov/health/topics/personality-disorders>.

su libro *Jane Austen en la intimidad*[8] que, según el registro de Hampshire, la madre de Jane Austen «siempre criticaba la nariz de los demás, porque ella presumía de nariz aristocrática». También cuenta que Cassandra Leigh era considerada por algunos familiares «la poeta de la familia» y una escritora «brillante».

No obstante, cuando llegó a la peligrosa edad —para esa época— de veinticuatro años, Cassandra Leigh decidió aceptar la oportunidad que le brindaba George Austen: un nido y seguridad financiera. Entonces se casó.

Así pues, Cassandra Leigh sería una madre de fuerte carácter, inteligente, con talento como escritora e ingeniosa, que tuvo una hija aún más inteligente, ingeniosa y dotada como escritora, con el carácter suficiente para superarla en su debilidad, ya que Jane decidió no casarse.

Liberarse de las expectativas ajenas: la valentía de ser tú mismo

En *Miss Austen Regrets* (2008), una película de la cadena británica BBC que recrea los últimos años de Jane Austen, se muestra la tirantez entre ella y su madre. La madre culpa a la escritora de no haberse casado, lo cual le habría procurado un hogar confortable tanto a ella como a su hermana Cassandra, quien perdió a su prometido demasiado pronto.

De hecho, esto es lo que la madre de Austen hizo en su momento, pues se casó justo al perder a su padre y, en

[8] Lucy Worsley, publicada en español por Indicios.

buena parte, para darle un hogar a su madre, que se había quedado viuda y, por las leyes machistas de la época, sin herencia. Sería plausible, por lo tanto, que la madre reprochara a la hija no hacer lo que ella hizo por su madre.

Con todo, Jane, después de no concretarse su matrimonio por amor con Tom Lefroy, aun teniendo momentos de duda razonable, se mantuvo fiel a algo que está presente en todas sus obras: la libertad.

La mujer debe ser libre y el primer principio (no el único) que ha de llevar al matrimonio tiene que ser el amor.

Esta es una lección de vida que nos ofrece Jane Austen: pese a estar marcada por su madre, por su padre, por la sociedad o su entorno, persistió en ser ella misma y mantenerse fiel a sus valores. Y no solo eso, además supo transformar su conflicto en una obra creativa maravillosa.

El psicólogo Antoni Bolinches siempre dice que la clave del amor es «casarte con el otro sin por ello divorciarte de ti mismo». Puede ser un buen baremo para medir lo que una relación o compromiso aporta a nuestra vida.

Estas cuatro preguntas te pueden ayudar en el proceso:

¿Me lleva esta relación a aceptar cosas que por mí misma no aceptaría?

¿Supone este compromiso una renuncia a mis propios valores o prioridades?

¿Es un vínculo que me permite ser yo, o me siento diluida en esta relación?

¿Me siento empoderada por esta persona o, al contrario, rebaja la fe que tengo en mí misma y en mis proyectos?

Más allá de los mandatos familiares

Como ejercicio para este capítulo, te invito a que indagues sobre tu vida. ¿Qué aspectos de tu familia crees que han definido tu visión del mundo y tu manera de enfrentarte a él?

Puede que eligieras una carrera profesional distinta a aquello que anhelabas, o bien padeciste una falta de autoestima por sentir que tus hermanos o hermanas se veían favorecidos, o tuviste la sensación de que debías tener pareja o fundar una familia para cumplir con las expectativas sociales.

También pueden ser cosas más sutiles las que han influido en ti, como el valor que le ha dado tu familia a la posición social, al dinero o a las apariencias, lo cual se ha traducido en mandatos, obligaciones o presiones que has sufrido.

Según Eric Berne, creador de la teoría del análisis transaccional, todos recibimos mandatos desde nuestra infancia que, repetidos día tras día, acaban conformando un guion de vida. El psiquiatra canadiense identificó hasta catorce de estos mandatos que han tenido un fuerte impacto emocional en nuestra formación:

1. «No existas, no vivas o no seas…».
2. «No seas lo que eres o no seas tú mismo/a».
3. «No lo logres».

4. «No sabes».
5. «No te acerques».
6. «No pertenezcas».
7. «No crezcas».
8. «No seas niño/a».
9. «¡No!» (o «No lo hagas»).
10. «Tus necesidades no son importantes» (o «No importas»).
11. «No vales».
12. «No pienses».
13. «No sientas».
14. «No me superes».

Este último está muy presente cuando la madre quiere competir con la hija o el padre con el hijo, siguiendo los roles tradicionales.

TUS CINCO MANDATOS

Enumera de manera concisa cinco mandatos o presiones que ha ejercido tu familia o tu entorno sobre ti y que has sentido a lo largo de tu vida:

1. ....
2. ....
3. ....
4. ....
5. ....

Sin embargo, estoy convencida de que en otros momentos te has rebelado contra tu madre, tu padre o tu entorno y has logrado expresar tus prioridades, e incluso emprender el camino que sentías que era para ti. Con dificultad y temor, tuviste el coraje de confrontar la presión familiar y social y definirte, diferenciarte de ellos.

TUS CINCO VICTORIAS

Enumera cinco momentos en los que tu fuerza interior venció. Si no encuentras cinco, anota los que recuerdes. Lo importante es que asumas que eres capaz de hacerlo y que existe un «yo» más allá de tu familia o de las convenciones sociales:

1. ....
2. ....
3. ....
4. ....
5. ....

Puede que algunos de estos momentos de rebeldía no tuvieran un final feliz o que cayeran en saco roto. Aunque también podríamos preguntarnos si Jane Austen fue feliz sin haber probado el matrimonio que tanto prodigaba en sus obras o si, en caso de haberse casado, hubiese sido más feliz.

Volviendo ahora a tu vida, a ti, ¿habrías sido más feliz si te hubieras doblegado a la voluntad y las expectativas de otros?

Tener el coraje de mantenerte fiel a tus valores te hace una persona fuerte y poderosa ante el mundo. Ese es el modo en el que construimos nuestro propio «yo». Y para apoyarte en ese proceso puedes escoger a tu familia espiritual.

Elige a tu propia familia

Tal vez sientas que has nacido en el nido equivocado, como el Patito Feo, o que los mandatos de tu entorno no te han permitido crecer como podrías haberlo hecho en un ambiente más libre y nutritivo. Está bien darse cuenta de ello y puedes escribir sobre tus traumas pasados, sea a través de la ficción, como Jane Austen, o en una carta sanadora enviada a nadie, como fue el caso de Kafka.

Para terminar este capítulo, sin embargo, te daré una buena noticia: cuando llegas a la edad adulta, *puedes crear tu propia familia*. Y no me refiero a casarte y tener hijos, como hicieron tus padres, sino a la familia espiritual que formas a tu alrededor a través de los amigos y los aliados que tú eliges.

Ya en el siglo XVIII, Benjamin Franklin lo expresaba así:

Un hermano puede no ser un amigo,
pero un amigo será siempre un hermano.

¿Quiénes son tus hermanos/as elegidos en este momento? ¿Pasas suficiente tiempo con ellos? ¿Qué clase de familia estás formando a tu alrededor?

Decía el empresario estadounidense Jim Rohn que somos el promedio de las cinco personas con las que pasamos más tiempo. ¿Cómo son estas personas que conforman tu ecosistema emocional? ¿Puedes mejorar tu «equipo» de algún modo? ¿Qué tipo de personas deberías «fichar» para elevar tu mirada y tu vida?

De esto hablaremos en el capítulo que sigue.

3
El mundo es el reflejo de tu mirada

Una de las cosas más difíciles a la hora de escribir es adoptar una determinada mirada a partir de la forma de ser de los personajes. Decidir que nuestra protagonista es una mujer, más bien alta, morena, de buena figura y con los ojos chispeantes resulta sencillo. Es divertido también concretar el lugar y el entorno social en el que nació y precisar los traumas que sufrió de pequeña: por ejemplo, que los padres la consintieron pero no le prestaron atención y que, por ello, nunca se sintió amada.

A partir de aquí, viene un paso realmente intrincado: saber cómo la han marcado sus circunstancias vitales. Tal vez nuestra protagonista se ha convertido en una dama seductora en extremo a fin de captar el afecto y la atención de los demás; tiene una falta tan evidente de empatía y una dificultad tan grande para soportar la frustración que manipula a todo el mundo para cumplir sus objetivos.

En este punto ya hemos llegado muy lejos. Sin embargo, la última vuelta de tuerca consiste en ser capaces de mostrar cómo esta dama entiende como blancos los hechos que otras personas ven negros: *mirar a través de sus ojos*, esto son palabras mayores, y es uno de los talentos de las grandes escritoras y escritores.

Jane Austen lo tenía. Con solo diecinueve años construyó un personaje memorable que ya hemos mencionado: lady Susan. Se trata de una mujer compleja, pero, sobre todo, su modo de ver el mundo es lo que nos atrapa. Un ejemplo: en un momento del libro, la protagonista escribe una carta a una amiga y se expresa así hablando sobre su hija, Federica, y su cuñada:

> Su tía la tiene gran consideración; esto es porque la chica se me parece tan poco, por supuesto. Es, sin duda, la compañía ideal para la señora Vernon, que tiene tanta predilección por ser la primera y por destacarse como la más sensata y la más ingeniosa en todas las conversaciones; Federica nunca le hará sombra.

La sombra que nos revela

Es divertido ver cómo Lady Susan proyecta en las acciones de los demás sus propios temores. Es lo que Carl Gustav Jung llamaba «sombra»: vemos y criticamos en los otros nuestra sombra, aquello que no hemos aceptado de nosotros mismos.

¿Qué te molesta especialmente de los demás?

¿Hasta qué punto eso que te molesta forma parte de ti?

¿Cómo puedes integrar la sombra en tu vida para dejar, así, de luchar contra el mundo?

Lady Susan, la más competitiva de las mujeres, observa ese mismo rasgo en su cuñada, la señora Vernon. Sin embargo, esta es una mujer sensible y discreta que procura el bien de Federica, en quien reconoce bondad y los signos del maltrato de su madre. La señora Vernon lo expresa así en una carta a su madre:

> Aquí, con el tiempo, volveremos a tener paz. Nuestras ocupaciones regulares, nuestros libros y nuestras conversaciones, junto con el ejercicio, los niños y todos los placeres domésticos que pueda ofrecer a Federica, servirán, espero, para curarla gradualmente de su enamoramiento juvenil. No dudaría de ello si hubiera sido despreciada por cualquier otra mujer que no fuera su propia madre.

Incluso en sus propias acciones, lady Susan ve aquello que no es. En lugar de reconocerse como una persona egoísta, se siente la víctima. En esta carta que lady Susan envía a una amiga, vemos cómo, aunque su hija sufre por un compromiso matrimonial que no desea, la madre sigue persistiendo en que lo acepte:

> Federica será la esposa de sir James antes de que salga de mi casa. Puede quejarse todo lo que quiera, y los Vernon pueden enfurecerse; no me importa. Estoy cansada de so-

> meter mi voluntad a los caprichos de los demás, de demostrar mi propia sensatez en deferencia a personas a las que no debo nada y por las que no siento respeto. He hecho demasiadas concesiones, me he dejado manipular con demasiada facilidad; pero ahora, Federica encontrará que las cosas han cambiado.

En ningún momento lady Susan ha hecho concesiones, jamás se ha sometido a la voluntad de nadie y debe mucho a los Vernon (fortuna, respetabilidad, hospitalidad y favores). Entonces ¿cómo puede decir todas estas cosas? La respuesta es que su mirada sobre el mundo está intoxicada con su propio relato sobre sí misma.

El optimismo de los astronautas

Es conocido que uno de los factores que tiene en cuenta la NASA a la hora de contratar personal es su coeficiente de optimismo. Por supuesto, en especial si se trata de astronautas, la formación académica y las condiciones físicas son muy importantes, pero también es crucial su mirada sobre las dificultades.

Pongamos, a modo de ejemplo, lo acontecido en la misión Apolo XIII, que inspiró la famosa película protagonizada por Tom Hanks. Estando ya en el espacio, la explosión de un tanque de oxígeno comprometió gravemente la posibilidad de que los astronautas pudieran volver a la Tierra. «Houston, tenemos un problema», fueron las famosas palabras con las que comunicaron su situación. Dado que nadie podía ir a buscarlos, los tripulantes tuvieron que tirar de ingenio y de optimismo para encontrar un modo de arreglar aquel desaguisado y regresar sanos y salvos.

Buda decía que al mirar la realidad, la teñimos de nosotros mismos. Allí donde pones las expectativas es donde están tus límites.

Esto se ve muy claramente en los equipos deportivos. Un equipo de fútbol con mentalidad ganadora no arroja la toalla, aunque pierda por tres goles y falten cinco minutos para terminar el partido. En cambio, hay equipos que salen al campo derrotados, porque no saben desprenderse del historial de fracasos anteriores.

Es como si te pusieras unas gafas u otras para contemplar la realidad. Como dice Joe Dispenza:

> *Donde pones tu atención es donde pones tu energía.*
> *Una vez fijas tu atención o tu conciencia o tu mente en la posibilidad, también colocas tu energía allí.*

¿En qué género de realidad vives?

Jane Austen lo tenía claro: los personajes de sus novelas no solo actúan según sus valores, sino que también perciben la realidad a través de ellos. Como hemos visto, nuestra manera de ser determina nuestro modo de ver el mundo.

Se dice que cuando los españoles llegaron a la isla de Santo Domingo, los isleños no supieron reconocer los grandes navíos que veían. ¿Cómo iban a hacerlo si nunca habían visto nada igual? Nuestro cerebro tiende a ver solo aquello que comprende y es especialmente vago en esto; establecer nuevos circuitos no es lo suyo.

Pongamos un ejemplo: imaginemos que una pareja va a bañarse a la orilla de un río. No hay sitio disponible, así que tienden sus toallas en un rincón donde no están cómodos entre el cañizal y las piedras. Al cabo de un rato, un hombre se dirige hacia ellos y les dice:

—Miren, nosotros nos vamos. Si quieren, pueden ocupar nuestro sitio. Allí estarán más cómodos.

El chico piensa de inmediato que el hombre les quiere engañar o robar. Sin embargo, la chica recoge sus cosas y se dirige al lugar que le indica el hombre, sin elucubrar sospechas.

¿Tiene buena voluntad el hombre? En este caso, sí, ya que es algo que presencié en persona. Sin duda, también habría podido tener mala intención. Pero esta diferencia en la reacción del chico y de la chica revela algo esencial: nuestras creencias determinan cómo interpretamos el mundo, incluso cuando los hechos son los mismos. Seguramente, la chica sabrá cazar al vuelo las oportunidades que le ofrece la vida, mientras que el chico siempre pensará que está amenazado.

Un amigo me decía que la vida es una película, solo tienes que descubrir el género en el que has decidido vivir: una comedia romántica, un drama familiar o una de terror.

¿En qué género decides vivir tu vida?

¿No te ha pasado nunca que tienes un recuerdo distinto por completo al de otra persona que vivió la misma experiencia, y habéis llegado incluso a discutir sobre cuál de las dos versiones es la verdadera?

Pues esto es la vida.

Jane Austen supo transmitirlo a través de sus personajes. Todos ellos ven la vida según sus valores. La existencia puede ser tal como la ve lady Susan o como la ve la señora Vernon, sin que los hechos cambien.

Permíteme que te interpele de nuevo:

¿Cómo ves tú la vida?

¿Vives en una tragedia, en un drama de superación o en una comedia?

Si no lo tienes claro, vamos a investigarlo. El siguiente ejercicio te servirá para averiguar qué valores o creencias están guiando tu película y cómo podrías ajustar el guion para un argumento más feliz.

REESCRIBE TU NARRATIVA

1. **Escribe un evento importante de tu vida desde tu punto de vista actual. Detalla cómo lo viviste, qué sentiste y qué interpretaste en aquel momento.**

   ....

   ....

   ....

   ....

2. Reflexiona sobre los adjetivos y las descripciones que has utilizado. Imagina que lees este relato como si fuera parte de una novela. ¿A qué género dirías que pertenece: drama, comedia, aventura, ciencia ficción, terror?
   El género es: ....

3. Reescribe el mismo hecho en un género diferente. Conviértelo en una escena cómica, en una historia de aventuras o en un *thriller*. Cambia el tono, los detalles y los diálogos para adaptarlo al nuevo género.
   ....
   ....
   ....
   ....

Historiograma

Este concepto acuñado por Gabriel y Luis García de Oro en el libro homónimo se basa en lo siguiente: hay historias que operan dentro de cada persona como programas obsoletos, que se disparan una y otra vez, aunque en realidad deseamos utilizar el sistema operativo para otras cosas.

¿Qué historia te has contado sobre ti misma una y otra vez?

Cada persona tiene su propio cuento, aquello que se repite sobre sí misma o sobre su historia, y en ese relato están los límites de su vida.

Dos ejemplos comunes que ofrecen los autores de *Historiograma*:

1. Aquel que se convence de que no sirve para tener éxito, con lo cual, de manera inconsciente, boicotea cualquier nueva oportunidad para así ver confirmado el «cuento» que se ha creído.
2. La persona que fracasa repetidamente en el amor, pero no se da cuenta de que elige una y otra vez el mismo tipo de pareja para poder reproducir las mismas situaciones. Hasta que no se dé cuenta de su guion vital, no podrá salir del bucle.

En nuestra vida operan muchas historias prefijadas, como un mantra fatalista. Para liberarnos de ellas y avanzar necesitamos identificar qué nos estamos contando.

La buena noticia es que tanto lo que nos contamos como la manera en que interpretamos el mundo y los hechos no es algo fijo ni definitivo; es una narrativa —los especialistas la llaman «psiconarrativa»— que construimos. Y, como toda narrativa, podemos reescribirla para verla con otros ojos.

Cambiar tu mirada transforma la forma en la que *vives* los acontecimientos. Es decir, *cambia tu vida*.

4
El gozo de aprender para ser

En un mundo en el que la educación empezaba a democratizarse cada vez más, Jane Austen lo tenía claro: los conocimientos no lo son todo, en especial cuando se adquieren para agradar.

En *Lady Susan* leemos de boca de la protagonista:

> No es que sea partidaria de la moda actual de adquirir unos conocimientos exhaustivos de todas las lenguas y las artes y las ciencias; eso es malgastar el tiempo: dominar el francés, el italiano, el alemán, la música, el canto, el dibujo, etc., hará que una mujer obtenga alabanzas, pero no añadirá ningún admirador a su lista. La gracia y las maneras, al fin y al cabo, son lo más importante.

A finales del siglo XVIII y principios del XIX, las familias pudientes se vanagloriaban de ofrecer a sus hijas una educación alejada de la gestión del hogar y las tareas domésticas. Se proponía, en cambio, una educación que incluyera lenguas extranjeras o clásicas, música, dibujo, e incluso nociones de historia o matemáticas.

Esta nueva tendencia era cuestionada por la nobleza rural y la burguesía, que seguían bajo una mayor influencia religiosa y mantenían un rol más tradicional para la mujer, delimitado a la crianza y las tareas del hogar.

En 1792, Mary Wollstonecraft, quien sería madre de Mary Shelley, publica su libro *Vindicación de los derechos de la mujer*[9] donde expone:

> Encerradas en jaulas como pájaros exóticos, no tienen nada que hacer salvo arreglarse las plumas y pasearse con falsa majestad de un posadero a otro. Es cierto, se les proporciona alimento y vestido, por los cuales no trabajan ni hilan; pero la salud, la libertad y la virtud son el precio de ese intercambio. ¿Qué puede esperarse de una educación que encadena los sentidos solo para dejarlos sueltos cuando el tiempo de la razón ha pasado? Fortaleced la mente femenina ampliándola, y se acabará la obediencia ciega.[10]

Las voces más conservadoras, por su parte, declaraban que un hombre no necesita que su mujer posea todos estos conocimientos, ya que lo que quiere es «una compañera, no una artista [...] alguien que le ayude en sus asuntos, que

---

[9] Publicado en español por Penguin Clásicos, entre otras editoriales.

[10] Wollstonecraft, M., *Vindicación de los derechos de la mujer* (1792), trad. Marta Lois González, Confederación Sindical Solidaridad Obrera, 2020.

aligere sus cargas, que alivie sus penas, que ensalce sus alegrías, afiance sus principios y eduque a sus hijos».[11]

Lo importante seguía siendo lo que quería el hombre para sí y para su familia, pues, aun con el manifiesto de Mary Wollstonecraft y al margen de lo que hicieran en las clases altas, el objetivo principal de cualquier padre o madre de clase media era casar a sus hijas.

En esa época, las mujeres no podían trabajar sin denigrarse a ellas mismas y a su familia; necesitaban que un hombre las mantuviera y se hiciera cargo de sus hijos. Ellas debían, pues, ofrecer lo que más valoraran los hombres, cualquier cosa que eso significara.

La madre de Jane Austen, Cassandra Leigh, aunque era bastante independiente para su tiempo, a la muerte de su padre buscó la protección de George Austen. A cambio, ella dedicó su vida a la familia y el hogar y dejó atrás cualquier aspiración de seguir escribiendo, como había hecho hasta entonces.

Wollstonecraft comparaba a las mujeres con pájaros dentro de jaulas, bellos y coloridos pero incapaces de volar. Hoy en día, esas jaulas no son físicas, pero persisten: son las expectativas familiares, laborales y sociales que nos dicen qué debemos hacer para ser «exitosos».

¿Qué jaula te impide volar?

¿Qué harías si pudieras abrirla?

---

[11] More, H. (1799), citada en L. Worsley, *Jane Austen en la intimidad*, *op. cit.*, p. 67.

Aunque ya no dependemos de conseguir «un buen partido», continuamos adaptándonos a lo que otros esperan de nosotros. ¿Cuántas veces has elegido un camino porque era lo «adecuado» y no el que deseabas? Reflexiona sobre esto mientras avanzamos.

¿Y tú qué quieres?

Decía George Eliot, una escritora que sí se escondía tras un nombre masculino: «Nunca es demasiado tarde para ser lo que podrías haber sido». Sin embargo, eso nos lleva a otra pregunta: ¿qué o quién quieres ser?

Este es el tema del segundo capítulo de *Homo Solver*, el último libro de Francesc Miralles y Álex Rovira. En él plantean los quince problemas que todo el mundo deberá resolver para realizarse en la vida y lograr un grado aceptable de felicidad.

Y uno de ellos encaja con el tema de nuestro capítulo: ¿qué quieres hacer con tu vida? Los autores mencionan los objetivos que tiene un terapeuta en su sesión con un paciente, que son básicamente dos:

1. Ayudar al paciente a descubrir lo que quiere.
2. Darle permiso para hacerlo.

En sus propias palabras:

> Si abordamos el primero, la dificultad estriba en que hay mucha gente que no sabe lo que quiere. Y eso a me-

> nudo tiene que ver con el problema que tratamos en el capítulo anterior. Lo podríamos sintetizar así:
>
> El deseo tiene mucho que ver con tu identidad, con ser quien tú eres, y para ser quien tú eres tienes que realizar los deseos de quien tú eres.

Esta no es una cuestión menor, ya que, para realizar esos deseos, primero hay que discernir que son verdaderamente tuyos, y no deseos de «segunda mano» que vienen de nuestro entorno o de una idea impuesta de lo que deberíamos estar haciendo.

Miralles y Rovira concluyen:

> Solo cuando dejamos de perseguir lo que otros esperan de nosotros, comenzamos a escuchar lo que realmente deseamos.

Y yo añadiría que, una vez lo has escuchado, debes convertirlo en la canción de tu vida, en un verdadero *hit* que marque el compás de tus movimientos y tus decisiones.

El conocimiento que te define

En la época de Jame Austen, las mujeres estaban a merced de lo que deseaban los hombres: belleza, elegancia, gentileza, conocimientos, lo que fuera. Sin embargo, ¿qué pensaba nuestra autora al respecto?

En un momento de su novela *Orgullo y prejuicio* se establece la siguiente conversación entre Elizabeth Bennet, Mr. Darcy y Caroline Bingley:

> —Entonces —observó Elizabeth—, usted debe de ser muy exigente en su concepto de mujer completa.
>
> —Sí, lo soy.
>
> —¡Oh, ciertamente! —exclamó su fiel amiga—. Una mujer no puede ser considerada completa si no supera con creces lo que comúnmente se encuentra. Debe tener un profundo conocimiento de música, canto, dibujo, baile y lenguas modernas. Además de todo esto, debe poseer un cierto encanto en su porte y manera de andar, en el tono de su voz, en su trato y en su forma de expresarse; de lo contrario, apenas merecería el calificativo.
>
> —Debe poseer todo esto —añadió Darcy—, y también debe mejorar su intelecto con una amplia lectura.

Aquí Jane Austen hace hincapié en la importancia de enriquecer nuestra mente por el puro placer de crecer. Este principio es aplicable tanto al siglo XIX como a nuestros días.

Casi todas las heroínas de Jane Austen necesitan casarse de forma desesperada porque la situación económica de sus familias es delicada. Es el caso de Elizabeth Bennet (*Orgullo y prejuicio*), de Elinor Dashwood y Marianne Dashwood (*Sentido y sensibilidad*), de Fanny Price (*Mansfield Park*), de Catherine Morland (*La abadía de Northanger*) y de Anne Elliot (*Persuasión*).

Sin embargo, ninguna hace o pretende hacer nada especial para ser más deseable de cara a posibles pretendientes, tal vez a excepción de Catherine Morland y su imaginación gótica. La mayoría tocan el piano de manera mediocre, salvo Anne Elliot, que lo hace para complacer a su familia y sus amistades. Tampoco dibujan de modo destacado ni han tenido institutriz o han ido a escuela alguna.

Sin embargo, todas estas heroínas tienen algo en común: leen.

También Emma Woodhouse (*Emma*), quien no necesita casarse, dice:

> No hay encanto igual al de un libro bien elegido, y nadie, al leer, ha sentido jamás tristeza o aburrimiento si encuentra compañía en sus páginas.

Un secreto de las mentes millonarias

Puede que el nombre de Thomas C. Corley no te suene, pero en el mundo anglosajón es muy conocido por su libro *Rich Habits*, fruto de los cinco años que dedicó a estudiar los hábitos de todo tipo de millonarios, en especial de quienes no nacieron en familias adineradas y tuvieron que «buscarse la vida», como se dice vulgarmente.

Después de analizar el día a día de trescientos millonarios que empezaron desde cero, Corley llegó a la conclusión de que los hábitos son la piedra filosofal de este tipo de alquimia. La gente próspera hace a diario cosas que la mayoría de la población no hace. Y aquí puede que te preguntes: «¿Qué hacen ellos/ellas que no estoy haciendo yo?».

De todos los hábitos que recoge Corley en su estudio, citaré dos de ellos:

1. *Se levantan más pronto que el resto de la humanidad.*

   Y no para seguir programas fijos, como el que propone Robin Sharma en *El Club de las 5 de la mañana*, sino para tener tiempo para pensar o hacer lo importante de esa jornada antes de que empiece la vorágine.

2. *Leen cada día.*

   Sea en esa hora temprana de calma o en pausas que se fijan a lo largo de la jornada. Según señala Corley en su estudio: «El 88 % de los ricos dedican 30 minutos o más cada día a la autoeducación o a la lectura de superación personal. La mayoría no lee por entretenimiento, leen para adquirir o mantener el conocimiento».

En eso no son tan distintos de las heroínas de Jane Austen, que también tienen la lectura y la formación como un *must* de su rutina.

Esto choca tristemente con los hábitos de hoy, cuando parece que la única manera de consumir tiempo libre es pegar los ojos a una pantalla mientras se hace *scrolling*. Hace veinticinco años, si entrabas en un vagón de metro o en un autobús podías ver a una decena de personas leyendo durante el trayecto. Hoy en día, con suerte, verás a una o dos; el resto está anestesiado con el *smartphone*, que no suele hacernos más *smart*.

Un amigo mío que se frustraba al quemar así el tiempo en los desplazamientos por la ciudad encontró la solución poniendo su Kindle en el móvil. De este modo, aunque fuera solo un trayecto de quince minutos, aprovechaba para leer un capítulo del libro que le interesaba y se sentía mucho mejor.

Tras este punto y aparte, volvamos con nuestras mujeres inspiradoras.

Aprender aporta felicidad

En la segunda mitad del siglo XVIII, Mary Wollstonecraft ya proclamaba la necesidad de la educación de las niñas para que pudieran contribuir a la sociedad en igualdad de condiciones. La mirada, el foco, estaba por lo tanto en la utilidad para el mundo.

En Jane Austen, en cambio, la motivación para cultivarse es diferente: considera que el desarrollo de la mujer no debe vincularse a ningún objetivo, ya que es necesario y deseable por sí mismo. Tal vez por el hecho de que *aprender aporta felicidad* de por sí.

En su época, pocas mujeres —y ningún hombre— habían expresado la necesidad de la mujer de crecer intelectualmente sin un propósito concreto (casarse, contribuir a la sociedad, estar educada, etcétera). El objetivo es la propia necesidad interna, o, como hemos dicho, esa felicidad de aprender. Y esta fue una idea revolucionaria, porque nadie se había planteado la felicidad de la mujer por sí misma, sin depender del hombre, los hijos o el hogar.

Las novelas de Jane Austen describen las normas sociales que regían en su momento. Podemos percibir que no está de acuerdo con muchas de ellas, ya que nos muestra lo injustas que son para las mujeres.

Como contrapeso, nos presenta personajes femeninos fuertes, con identidad propia, de marcada individualidad y con una necesidad de conocimiento y de desarrollo más allá de las expectativas familiares.

Romper expectativas: aprender para ser

El hecho de supeditar nuestro desarrollo y aprendizaje a la utilidad o a las expectativas de los demás parece algo antiguo y lejano respecto a nuestra sociedad, pero la verdad es que todos lo hacemos, hombres y mujeres.

No pocos de mis alumnos me confiesan que estudian Derecho o Periodismo o Medicina porque sus padres ejercen estas profesiones, porque parece la decisión más «sensata» o incluso porque se lo han impuesto directamente. Algunas alumnas, en cambio, me han dicho que no escogieron una ingeniería o Matemáticas puras porque no se «veían» haciéndolo. Así pues, los prejuicios y las imposiciones no han desaparecido.

Jane Austen no se plegó a aquello que los otros «veían» que ella debía hacer o aprender. Jane y su hermana Cassandra lograron asistir a las clases de historia que recibían sus hermanos, y en casa disfrutaban de un globo terráqueo, una brújula, un reloj de sol y un microscopio, además de quinientos volúmenes de libros, algunos de ellos muy alejados de lo que se consideraba apropiado para la educación de una mujer.

El acceso a la cultura de un modo tan natural suscitó en la escritora su amor e interés por la cultura misma, sin estar ligada a ningún objetivo, y mucho menos al de casarse. De hecho, en esa época, para una mujer que quisiera casarse no era aconsejable cultivar el pensamiento propio.

Lo del pensamiento propio, casi salvaje, es algo en lo que ahondaremos más adelante, ya que es fundamental en los valores de Jane Austen.

Veamos en el siguiente ejercicio si la presión del entorno te ha influido a la hora de decidir qué estudiar o aquello que debías hacer.

REVISA TUS APRENDIZAJES

Escribe cinco cosas que hayas estudiado en tu vida, ya sean cursos reglados o talleres. No pongas los que más hayas disfrutado o te hayan influido, sino aquellos a los que has dedicado más tiempo o los que constan en tu *curriculum vitae* (CV).

1. ....
2. ....
3. ....
4. ....
5. ....

Austen y Wollstonecraft nos invitan a reflexionar: ¿cuánto de lo que hemos aprendido ha sido por deseo propio y cuánto por las expectativas de los demás?

Ahora tómate un momento para identificar esas decisiones en tu propia vida: ¿qué es lo que te llevó a estudiar lo que has escrito más arriba?

Tal vez fueron las expectativas de tus padres, lo que hacían o valoraban tus amistades, lo que «debías» hacer o porque parecía la opción más sensata o útil, o simplemente porque estaba de moda.

A continuación anota el motivo que te llevó a tomar esas decisiones.

1. ....
2. ....
3. ....
4. ....
5. ....

¿Cómo te sentiste estudiando aquellas cosas, sin tener una motivación o un deseo propio? Tal vez sentiste frustración, aburrimiento, o quizá gratificación por el deber cumplido. Para un momento y piénsalo.

Anota tu reflexión:

....

....

Por último, piensa en cinco cosas que hayas estudiado solo por ti mismo/misma, sin que nada ni nadie te influyera.

1. ....
2. ....
3. ....
4. ....
5. ....

Terminaremos con esta reflexión: ¿cómo te sentiste al estudiar algo que no se esperaba de ti, pero que realmente deseabas hacer?

....

....

Sin duda, hay una relación directa entre la autoestima y el aprendizaje continuo. Saber y descubrir nos hace sentir llenos de vida y de poder. En ese sentido, Anne Elliot afirma en *Persuasión*:

> El espíritu debe ser alimentado con ideas frescas, con las verdades de la vida, en lugar de quedar empantanado en un único canal de pensamiento.

La lectura, como hemos visto, no solo es una forma de adquirir conocimiento, sino un acto de descubrimiento personal. Y lo bueno es que, hoy en día, formarnos —de la manera que sea— está casi al alcance de todo el mundo, con independencia de su género y su edad.

Florecer en cualquier estación

Los *late bloomers* —literalmente, las «personas que florecen tarde»— nos demuestran que nunca es tarde para devenir en lo que deseamos, como decía George Eliot. Ahora hay personas que aprovechan la jubilación para ir a la universidad, algo que quizá relegaron debido a su ajetreada vida, cuando tenían que trabajar y cuidar de todos.

Otras personas aprenden un idioma o se inician en un instrumento a muy avanzada edad. Y tenemos incluso autores como Harry Bernstein, que empezó a escribir su primera novela, *El muro invisible*, a los noventa y tres años. La publicó con cierto éxito a los noventa y seis y aún tuvo tiempo de escribir tres novelas más hasta su muerte a los ciento un años. Como colofón a esa vocación tardía, en una entrevista al *New York Times*, este *late bloomer* declaró:

> *Si te las apañas para seguir vivo y con salud,*
> *a partir de los noventa años solo Dios sabe las capacidades*
> *que están al acecho dentro de ti.*

Me parece de lo más inspirador. Por lo tanto, ni la edad ni cualquier otra circunstancia es excusa.

Jane Austen nos recuerda que crecer desde dentro, sin necesidad de cumplir con expectativas externas, es lo que realmente nos hace libres. Ahora es tu turno:

¿Qué vas a practicar o aprender hoy para sentirte mejor?

5
Osadía y sensibilidad

En una popular plataforma de películas en *streaming* se clasifican las adaptaciones de obras de Jane Austen o de las hermanas Brontë como «cine de tacitas».[12] Me cuesta entender qué tienen que ver las tacitas con Elizabeth Bennet, más allá del hecho de ser inglesa y tomar mucho té (tanto como los hombres de su época).

También me cuesta entender por qué las portadas de los libros de Jane Austen acostumbran a tener fondos florales. Me encantan las flores, pero no me gusta el matiz que aportan a la obra de Jane Austen en comparación con los autores masculinos. ¿Por qué las obras de sir Walter Scott o de Thomas Hardy no llevan patrones florales como base de la portada?

De hecho, más allá de la sensibilidad manifiesta por la belleza de la naturaleza que tenía Jane Austen, y que compartía con muchos novelistas y poetas hombres, no se me

---

[12] Filmin: Plataforma de streaming. Encontrado en: <www.filmin.es>.

ocurre la razón de dichas flores. Lo único que puedo pensar es que a las mujeres se nos presupone una sensibilidad delicada y frágil como una flor.

Mary Wollstonecraft, una de las primeras feministas de la historia de la literatura, critica el exceso de sensibilidad atribuida a las mujeres, argumentando que esa idea las convierte en «presas de sus sentidos», como si fueran incapaces de pensar racionalmente. Sostiene que esa supuesta sensibilidad extrema no solo las perjudica a ellas, sino también a la civilización en su conjunto, ya que impide que las mujeres contribuyan de manera significativa a la sociedad.[13]

Por su parte, Jean-Jacques Rousseau, en su obra *Emilio o De la educación*, se atreve a decir que las mujeres están destinadas a complacer y ser subordinadas de los hombres, sugiriendo que su educación debe centrarse en desarrollar cualidades como la sensibilidad y la modestia.

A su vez, un poco después, Arthur Schopenhauer, en su ensayo *Sobre las mujeres*, afirma que son más propensas a la sensibilidad y menos capaces de razonamiento abstracto.

Si tomáramos a estos hombres como rasero de la masculinidad, bien podría afirmarse que el género masculino se distingue por sus prejuicios y por generalizaciones sobre lo que no conoce o comprende.

Cuando leo *Orgullo y prejuicio*, *Sentido y sensibilidad*, *Mansfield Park* o *Persuasión* no encuentro heroínas lloronas, frágiles y sensibleras. Por el contrario, son mujeres fuertes, fieles a sus principios, resolutivas, orgullosas de ser

---

[13] Wollstonecraft, M., *Vindicación de la mujer*, *op. cit.*

quienes son y resistentes a las dificultades de la vida. La psicología actual lo llama «resiliencia».

El valor de la osadía

Lejos del concepto «cine de tacitas» o de la misoginia de Rousseau o Schopenhauer, Jane Austen promulga un valor esencial: la osadía.

Como apunta Lucy Worsley en *Jane Austen en la intimidad*:

> En sus historias, la autora a menudo toma partido por la chicarrona contra la buena niña, por la verdad en lugar del decoro, por lo nuevo frente a lo viejo. Es posible que Jane, igual que Catherine Morland (*La abadía de Northanger*), corriera por ahí «escandalosa y salvaje».

Podemos encontrar esta osadía de carácter propia de Jane Austen en casi todas sus heroínas.

Por ejemplo, en *Orgullo y prejuicio*, Elizabeth Bennet demuestra una independencia notable al caminar sola hasta Netherfield para cuidar de su hermana Jane, donde ha sido acogida tras caer enferma. Este acto, poco común para una dama de su posición, provoca la desaprobación de Caroline Bingley, quien comenta: «¡Qué salvaje muestra de afecto familiar y de indiferencia hacia la decencia y el decoro!». Este comentario refleja las estrictas normas sociales de la época y cómo Elizabeth desafía las expectativas tradicionales del comportamiento femenino.

Elizabeth Bennet también desafiará a su familia al rechazar como marido a su primo Mr. Collins, pomposo y servil, pero heredero de los bienes y las propiedades de la familia Bennet y por ello un gran partido. La heroína lo considera un «mentecato».

Otro ejemplo es Marianne Dashwood, que encarna la «sensibilidad» en la novela *Sentido y sensibilidad*. Marianne es un alma sensible sin ninguna duda, pero no se trata de una sensibilidad ostentosa, sino basada en la verdad. Vive sus pasiones de modo desenfrenado, su osadía está en su autenticidad, en su pureza y su verdad.

Incluso Fanny Price, la más moderada e introspectiva de todas las heroínas de Austen, se enfrenta en *Mansfield Park* a sus primos de la familia Bertram (entre los cuales está su amor, Edmund, el más sensato de todos), que están por encima de su nivel social y la acogieron en su casa desde que era una niña. Fanny demuestra una osadía callada al mantenerse fiel a sus principios morales frente a las presiones de la familia Bertram. Su sensibilidad la conecta profundamente con su sentido del deber y del bien.

¿La osadía tiene consecuencias? Por supuesto.

En las obras de Jane Austen, y también en su vida, la osadía tiene un precio. Jane deberá lidiar con las críticas de su madre por no casarse. También Marianne Dashwood sufrirá un dolor que casi la lleva a la muerte.

Sin embargo, al final, la osadía las mantiene fieles a sí mismas y las construye como personas. La identidad propia nace de la diferenciación respecto al entorno y de la demostración, cuando sea necesario, de esta diferenciación.

Veamos ahora cuántas veces has desatado tu osadía y has

hecho lo que sentías que tenías que hacer, o te has mostrado tal como eres, sin importarte lo que dijera tu entorno.

DECISIONES VITALES

Piensa en un momento de tu vida en el que te hubiera gustado tomar una decisión pero no te atreviste. Puede que fuera algo muy importante (decirle a alguien que le amabas, cambiar de trabajo, etcétera) o algo sencillo (ir a un concierto lejos de casa, hacer un viaje, apuntarte a un curso, etcétera). Escríbelo y explica cómo te sentiste cuando decidiste no hacerlo:

....

....

....

....

....

....

....

....

Ahora reescribe esa historia como si fuera una ficción totalmente inventada, en la que eres capaz de enfrentarte a tus miedos o a tu entorno y tienes la osadía de decidir aquello que quieres de corazón, y no olvides incluir cómo te sientes ante esa visualización:

....

....

....

....

....

....

....

Por último, comprométete a desafiar cada «no puedo» de tu vida. Puede ser un «no puedo» por vergüenza (aunque me encantaría), por lo que dirán, porque ya no tengo edad o porque seguro que sale mal.

Desafía todos estos límites autoimpuestos y, aunque empieces por algo muy pequeño, ten la osadía de ser y hacer aquello que quieres ser y hacer. Escribe a continuación el desafío al que te comprometes hoy mismo:

....

....

....

....

....

....

Atrévete a no gustar

En 2018 los filósofos japoneses Ichiro Kishimi y Fumitake Koga publicaron un libro sobre la psicología de Alfred Adler. El tema de fondo, sin embargo, lo revela de forma meridiana su título: *Atrévete a no gustar*.

A través de las conversaciones entre estos dos pensadores —uno muy joven y el otro veterano— podemos explorar el quid de la cuestión en lo que respecta al tema de este capítulo: mientras vivas para satisfacer las expectativas de los demás, no podrás llevar una existencia genuina.

Por supuesto, negar a los otros lo que esperan de ti no es tarea fácil, ni para las heroínas de Austen ni para nosotros, puesto que desde muy pequeños nos enseñan a agradar a los demás. Si la renuncia a lo que tú quieres es la tónica que ha gobernado tu vida hasta ahora, en algún momento tendrás que plantarte, y obtendrás sin duda reacciones airadas o de desaprobación. No importa, tal como sugieren Kishimi y Koga, pues no se puede ser libre sin desagradar e incluso enfadar a unas cuantas personas. Es el precio que deberás pagar por tu autenticidad.

Cuando te desenganchas de la validación externa y aceptas que mereces poner tus prioridades en primer lugar, recibes cierta bronca de tu entorno, pero eso viene acompañado de un sentimiento de ligereza y de conexión contigo mismo que, literalmente, va a cambiar tu vida.

A partir de esa asertividad, que veremos un poco más adelante, ya no podrás culpar a los demás de no llevar la vida que quieres, porque desde tu nuevo «yo» tienes el valor que necesitas para ser feliz.

La medicina del «No»

En Estados Unidos, Tim Ferriss es uno de los personajes más populares en el mundo del desarrollo personal. Tras muchos años sin publicar, anunció en su blog, que llega a millones de suscriptores, que su nuevo libro se titularía algo así como *El libro del No*.

Coescrito con su amigo Neil Strauss, que durante largo tiempo se consideró esclavo del Sí, se proponen buscar soluciones para una regla muy sencilla: solo podrás decir «Sí» a lo que verdaderamente quieres si antes dices «No» a todo lo que no quieres.

Según Strauss, «el arte de vivir opera del mismo modo que la informática previa al ordenador cuántico. Así como, hasta hoy, la programación se basa en el sistema binario, nuestra existencia va moldeando su rumbo según cada "Sí" o "No" que das». Y añade: «Y a veces damos un "Sí" forzado, sintiendo justamente lo contrario, a personas que no nos han tratado precisamente bien».

Por su parte, Tim Ferriss explica cómo, desde que en 2007 entró por primera vez en la lista de best sellers del *New York Times*, su vida se convirtió en un caos, llegando a tener en la bandeja de entrada de su correo más de ochenta mil mensajes por contestar.

No le quedó más remedio que ignorar el 99 % de lo que le llegaba, y responder a buena parte del 1 % restante con un escueto «No me va bien. Gracias».

Con todo, había personas con las que mantenía cierta relación y a las que, aunque no le aportaban gran cosa, no quería ofender, así que aplicó, a sugerencia de un amigo, una técnica llamada de «desvanecimiento lento»: consiste en responder primero en cinco días, luego en diez días y más tarde en veinte días. «Dejarán de contactarte», le aseguró su amigo.

La mayoría de los mortales no tenemos que lidiar con

miles de mensajes y peticiones, pero a nuestra propia escala afrontamos este mismo problema. Puedes estar segura de que no llevas bien lo del «No» en caso de que...

- Tu agenda esté siempre ridículamente llena.
- Nunca puedas improvisar porque siempre te esperan en algún sitio.
- Te sientas mal cuando dices «No», aunque es lo que en realidad quieres decir.
- Las necesidades de los demás tengan prioridad sobre las tuyas.

Si te reconoces en uno o más de estos puntos, necesitas ser más valiente, pagando el precio de no gustar a unas cuantas personas. Será la inversión más rentable de tu vida, te lo aseguro.

Fuerte y sensible

Más allá de la asertividad, cuando hablamos de osadía no se trata de andar desnudos por la calle ni de estar en guerra con el mundo. La osadía que propone Jane Austen no se refiere a actos grandilocuentes o llamativos, sino más bien a un gesto sencillo pero valiente, como caminar sola durante horas para cuidar de alguien a quien amas o decir «No» cuando todos esperan un «Sí», como acabamos de ver.

Además, Jane Austen nos enseña en sus novelas que la osadía y la sensibilidad no son opuestas, sino dos caras de la misma moneda. Ser sensible no significa ser débil; por el contrario, puede ser una fuente de fuerza para desafiar las normas, expresar la verdad y ser fiel a uno mismo. En *Persuasión* leemos:

> Los defectos pueden surgir del temperamento, pero también de las circunstancias. Si se hace un esfuerzo honesto por actuar según la conciencia y la razón, se tiene derecho a estar satisfecho con uno mismo.

En ese esfuerzo honesto, en ese acto de vivir conforme a nuestros valores, es donde encontramos la autenticidad. ¿Qué puede haber más valiente que ser fiel a uno mismo en un mundo que constantemente nos pide que seamos otra cosa?

Ahora es tu turno. Atrévete a vivir desde la autenticidad porque, como nos enseña Austen, la verdadera fortaleza está en la lealtad para con nosotros mismos.

6
Sortear el ruido cotidiano

Si has viajado a Japón, quizá te haya sorprendido el silencio que impera en los trenes bala. Los viajeros mantienen un silencio reverencial, también la azafata con su carrito de bebidas, que saluda a los pasajeros antes de pasar al siguiente vagón. Es una sensación totalmente distinta a la que se tiene en otros lugares del mundo, donde la invasión sonora —y de cualquier otra clase— es constante.

Como consecuencia de lo que llamamos la «sociedad del conocimiento», cada vez vivimos rodeados de más ruido. Y con «ruido» no me refiero solo a los excesivos decibelios del tráfico de una ciudad, sino también al «ruido» de todos los *inputs* con los que nos bombardean en nuestro día a día.

A finales del siglo XIX, Thomas Hardy ya hablaba de estar «lejos del mundanal ruido» en su novela así titulada, que previamente apareció por entregas en una revista.

¿Qué habría pensado el escritor de Dorchester del mundo de hoy?

El ruido que nos aleja del interior

Se estima que, en la época de Jane Austen, una persona corriente podía interactuar con entre cien y trescientas personas a lo largo de su vida. En la actualidad, con las redes sociales y las facilidades de movilidad, es posible llegar a conocer a miles.

En un solo día podemos mantener conversaciones cruzadas con decenas de personas. Esto implica un alto nivel de concentración y desgaste, una exigencia que deja a nuestro cerebro agotado, impidiendo un «conocimiento» más interno.

La sociedad del conocimiento se vuelca más en el conocimiento externo que en el interno. Todo este ruido mediático y de las redes sociales nos agota. Tener que estar pendiente de todo a todas horas, el célebre FOMO —*fear of missing out*— que generan los mensajes y las notificaciones, y saber lo que hacen cientos, miles de personas, acaba siendo abrumador.

Por muy extrovertido que seas, terminas sintiéndote superado, sin energía. Porque todo este ruido no solo afecta a nuestra paz mental, sino que también limita nuestra creatividad. En un mundo lleno de estímulos externos, a menudo olvidamos que las mejores ideas, las reflexiones más profundas y las soluciones más brillantes surgen en los escasos momentos de silencio.

«El silencio es un refugio universal», decía Henry David Thoreau. Y todos precisamos de ese refugio.

Para no perdernos en el mundanal ruido, necesitamos tiempos de concentración para estar con nosotros mismos.

Para ello, meditar puede ser un buen ejercicio diario, pero no hace falta alcanzar la iluminación ni completar el yóguico Saludo al Sol cada día para conectar contigo y con el sentido de la vida.

Jane Austen, desde su claridad mental, señala un valor humilde y honesto que a veces perdemos en nuestro mundo frenético: las tareas cotidianas pueden aquietar la mente y dar cierto sentido a la vida, ya que nos procuran un espacio para acallar el ruido exterior y conectar con la serenidad que anida dentro de cada persona.

La creatividad en las tareas cotidianas

Nuestra autora no era una mujer convencional. No se casó ni tuvo hijos, aunque la sociedad la presionara para que lo hiciera. No era el ama de casa que retrataban los libros para mujeres de la época. Sin embargo, le encantaba hacer tareas domésticas. De hecho, procuraba expresar en cada una de esas tareas su creatividad.

Tenemos constancia por sus cartas,[14] principalmente destinadas a su hermana Cassandra, que Jane dedicaba mucho tiempo a hacer tartas, a coser o a bordar. Se expresaba así en una misiva del 27 de octubre de 1798: «Estoy muy ocupada con mi bordado; estoy haciendo una gorra para Mary. [...] Hace unos días me tomé la libertad de pedirle a tu sombrero de terciopelo negro la red del forro, cosa que

---

[14] Austen, J., *Cartas de Jane Austen*, trad. Eva María González Pardo, Asturias, dÉpoca, 2012.

hizo sin rechistar y que me permitió aumentar considerablemente la dignidad de mi tocado, que antes era demasiado vulgar para mi gusto». El 11 de junio de 1799, también en una carta dirigida a Cassandra decía: «He estado haciendo pasteles de grosella». Y en otra, fechada el 31 de mayo de 1811, escribe: «He estado remendando mi vestido de muselina; es una tarea tediosa, pero necesaria».

Hoy en día, esta clase de actividades son equiparadas a hobbies como tejer o hacer repostería artesanal, pero en el siglo XVIII eran imprescindibles para tener alimento y posibilidades de cambiar de atuendo para mantener cierto estatus social.

Así pues, Jane no solo respondía a las demandas prácticas de su tiempo, sino que también demostraba cómo lo cotidiano puede convertirse en un refugio para el espíritu. Cada puntada, cada pastel horneado era un acto de amor, cuidado y creatividad. Convertía una necesidad o una tarea tediosa, como ella lo llamaba, en algo relajante en lo que encontrar cierta felicidad. El 17 de octubre de 1815 le escribió a Cassandra: «Las buenas tartas de manzana son una parte considerable de nuestra felicidad doméstica».

¿Qué felicidad encontraba Jane en las tareas de la casa, en pasar horas remendando a la luz de la ventana o de las velas, o batiendo con energía y tesón las claras de huevo para hacer pasteles en hornos de leña?

Jane Austen nunca presenta estas tareas como un medio para servir a los demás. No habla de la satisfacción de sus padres o de amigas o amigos al probar sus pasteles, ni siquiera del placer de que la vean con un sombrero nuevo o arreglado. Ella habla del proceso de hacer cosas con las manos, de transformar algo en mal estado o que no le gusta en algo mejor, de crear una tarta, de reparar algo roto, como el arte del *kintsugi*.

Habla, en realidad, de un proceso material de creación.

A Jane no le hizo falta realizar grandes viajes, casarse o tener hijos. Lejos de una vida llena de estímulos y obligaciones, encontraba felicidad en las pequeñas cosas que podía hacer ella misma con las manos. Y escribir era, por supuesto, una de ellas. Pero también lo eran sus labores manuales.

Estas últimas le permitían, por un lado, poder ver sus «obras» terminadas en un tiempo limitado y, a la vez, era una excusa perfecta para estar en silencio y concentrarse en sus pensamientos e historias. Seguro que más de un argumento de sus novelas surgió mientras llevaba a cabo una humilde tarea doméstica.

Barrer el polvo del alma y lavar los platos

Keisuke Matsumoto nos enseña el carácter sagrado de las tareas cotidianas en su *Manual de limpieza de un monje budista*, que tiene como revelador subtítulo «Barrer el polvo y las nubes del alma». ¿Significa esto que, al limpiar y ordenar de forma física nuestro espacio, hacemos lo mismo con nuestro espacio interior, con nuestra vida?

El autor explica:

> La jornada de un monje comienza con la limpieza. Se barre el interior del templo, el jardín, y se friega el suelo de

la sala principal. Pero nosotros no limpiamos porque esté sucio o desordenado, sino para librar al espíritu de cualquier sombra que lo nuble.

En esta misma línea se expresaba Thích Nhất Hạnh, un monje vietnamita fallecido en 2022, que nos legó inspiraciones tan bellas como esta:

> Solo cuando no lo estoy haciendo, se me ocurre pensar que lavar los platos es desagradable.
>
> Es más, cuando estoy de pie ante la pila, arremangado y con las manos sumergidas en el agua tibia, incluso me resulta placentero.
>
> Disfruto tomándome el tiempo necesario para cada plato y siendo plenamente consciente del plato, del agua y de cada movimiento de mis manos.
>
> Ya sé que, si lo hiciera deprisa para ser el primero en tomar el postre, lavar los platos sería un fastidio y no uno de los placeres de la vida.
>
> Sería una pena porque cada minuto, cada segundo de la vida es un milagro. ¡Los mismos platos y el mero hecho de que yo esté aquí lavándolos son milagros!
>
> Si soy incapaz de lavar los platos placenteramente, si lo único que quiero es terminar rápidamente para ir a tomar el postre, seré igualmente incapaz de disfrutar de este.
>
> Con el tenedor en la mano, estaré pensando qué es lo próximo que debo hacer y me perderé la textura y el sabor del postre, así como el placer de estar tomándomelo. […]
>
> Confieso que tardo mucho en lavar los platos, pero vivo plenamente cada momento en que lo hago, y soy feliz.

Lavar los platos es un medio y un fin a la vez, es decir, no solo lavo los platos para que estén limpios, sino que también los lavo por lavarlos, para vivir plenamente cada momento en que lo estoy haciendo.

El silencio como refugio y fuente de inspiración

En una sociedad tan comunitaria como la de Jane Austen, tener un espacio propio era una aspiración difícil. Ella siempre compartió habitación y, aunque lograba con la complicidad de su hermana tener algunos momentos para escribir, el resto del tiempo transcurría con personas de la familia, amigos o conocidos que pululaban a su alrededor.

Esto no encaja con lo que planteó Virginia Woolf un siglo más tarde, al afirmar que «una mujer debe tener dinero y una habitación propia para escribir».

En las novelas de Jane Austen es habitual que aparezcan vecinos o amigos por sorpresa en casa, revolucionando la rutina cotidiana. También es común observar la convivencia continua entre hermanas, primas o amigas. Este trato constante, lejos de ser solo una imposición, probablemente alimentó la riqueza de sus observaciones sociales.

Sin embargo, Jane supo equilibrar estas interacciones con momentos de introspección, mostrando que incluso en una vida rodeada de otros es esencial encontrar espacios para una misma. En *Mansfield Park*,[15] por ejemplo,

---

[15] Austen, J., *Mansfield Park*, trad. M. Martín, Barcelona, Penguin Clásicos, 2015.

vemos cómo la protagonista encuentra placer al apartarse del ruido y la algarabía:

> Fanny disfrutaba del retiro del rincón más tranquilo, donde el ruido y las distracciones del mundo no podían alcanzarla.

Y cuando no era posible sentarse en el rincón más tranquilo, una siempre podía adentrarse en el silencio compartido. Por ejemplo, en *Sentido y sensibilidad*[16] hay un momento en el que las hermanas Dashwood, Elinor y Marianne, tras vivir experiencias emocionales intensas y estar envueltas en sus angustias, se refugian en ese silencio:

> El silencio se prolongó durante algunos minutos. Cada una de las mujeres reflexionaba sobre aquello que más las afectaba. La paz de ese momento era completa, solo rota por el leve crujir del fuego en la chimenea y el susurro de las hojas al viento. En ese ambiente, las palabras parecían innecesarias, y el entendimiento mutuo fluía con mayor claridad que nunca.

Este tipo de silencio, más expresivo que cualquier conversación, refleja una conexión profunda, no solo entre las personas sino también con uno mismo. Es en este silencio donde las emociones encuentran espacio para ordenarse y

---

[16] Austen, J., *Sentido y sensibilidad*, trad. A. M. Rodríguez, Barcelona, Penguin Clásicos, 2015.

la mente puede respirar. De hecho, los mejores amigos son aquellos capaces de compartir un silencio, sin verse obligados a introducir palabras para llenar el vacío.

Para cualquier persona, más aún si tiene una fuerte sensibilidad, el silencio y la concentración en tareas manuales son bálsamos para serenar el espíritu, como en el bello texto del monje vietnamita y los platos.

La mente necesita detenerse, sanar con el silencio o recuperar su calma con las manos. Jane Austen nos enseña que volver a lo esencial, a las tareas simples y al silencio reparador no es un retroceso, sino un acto revolucionario. En estos espacios humildes pero significativos nos reencontramos con nuestra creatividad y recuperamos el equilibrio perdido.

EL DIARIO DEL SILENCIO

¿Te atreves a descubrir qué hay detrás del ruido cotidiano? Para ello te propongo que escribas un diario del silencio.

- **Durante una semana, reserva al menos quince minutos diarios para estar en silencio.**
- **No uses dispositivos electrónicos ni pongas música. Apaga cualquier fuente de distracción.**
- **Puedes realizar una actividad manual, por ejemplo, dibujar, cocinar o cuidar de las plantas del jardín, o bien simplemente sentarte y cerrar los ojos. La atención debe estar en ti o en tus manos, no en el entorno.**
- **Al terminar cada sesión diaria, anota en un cuaderno tus reflexiones sobre cómo te has sentido.**

¿Ha sido una experiencia incómoda o placentera?

¿Qué pensamientos surgieron?

¿Notas algún cambio en tu estado mental después de este ejercicio?

A medida que vayas repitiendo la experiencia, verás que las sensaciones también cambian, y la resistencia de tu mente va aflojando.

7
La verdadera belleza

La belleza ha sido desde siempre el talón de Aquiles de las mujeres. Inmersas en la sociedad patriarcal, se las ha presentado como un objeto a vender o a comprar.

El aspecto físico continúa siendo uno de los principales factores, si no el más importante, a la hora de valorar al género femenino. Aunque en la sociedad occidental hace años que se lucha contra la discriminación y los trastornos de salud que conlleva la obsesión por el aspecto físico, esta problemática no deja de ser una realidad.

En un estudio titulado «What makes you popular: beauty, personality or intelligence?»,[17] se contó con casi doscientos estudiantes universitarios para determinar qué factores influyen en la creación de redes de amistad y de apoyo social: la belleza, la personalidad o la inteligencia. Los resultados indicaron que el atractivo físico es el factor clave en las in-

[17] Liu, Z., y Zhang, T., «What makes you popular: beauty, personality or intelligence?», 2021. Disponible en: <https://arxiv.org/abs/2105.12635>.

teracciones sociales, mientras que la inteligencia solo destaca en las relaciones de apoyo o asesoramiento.

Esta discriminación no se ejerce solo de hombres hacia mujeres, sino que las propias mujeres tienen integrados los estándares sociales de belleza y juzgan y se autojuzgan según los mismos. En el estudio «Percepción de estereotipo de la belleza como predictor de éxito social y laboral en mujeres universitarias»[18] se exploró cómo influye la belleza en el éxito laboral y social. La conclusión fue que las mujeres universitarias perciben que el atractivo físico es un factor que facilita el éxito en los ámbitos social y profesional.

Lamentablemente, esta visión sigue vigente.

Otro estudio de la Universidad Europea titulado «La influencia de los ideales de belleza en la sociedad actual sobre la autoimagen y la autoestima según el género y la edad: una revisión sistemática»,[19] concluyó que la exposición a ideales de belleza tiene una relación directa con un aumento de la preocupación por el cuerpo, la insatisfacción corporal y la baja autoestima, lo cual puede afectar al bienestar y la salud mental de las personas.

Asimismo, y en la misma línea, citaré un cuarto informe: «El impacto de los estándares de belleza en niñas y muje-

---

[18] Díaz, L. A., «Percepción de estereotipo de la belleza como predictor de éxito social y laboral en mujeres universitarias», Universidad Piloto de Colombia, 2021. Disponible en: <https://repository.unipiloto.edu.co/handle/20.500.12277/564>.

[19] Universidad Europea, «La influencia de los ideales de belleza en la sociedad actual sobre la autoimagen y la autoestima según el género y la edad: una revisión sistemática», 2020. Disponible en: <https://titula.universidadeuropea.com/handle/20.500.12880/6868>.

res»,[20] de Dove Global Report, que afirma que una de cada tres mujeres y niñas siente presión para alterar su apariencia debido a las imágenes que ven a diario en internet, incluso cuando saben que son falsas o que están generadas por inteligencia artificial.

Un encanto propio

Jane Austen nació en un tiempo en el que las mujeres tenían que pagar un precio para casarse: la dote. La belleza era uno de los pocos atributos que podía compensar este reclamo económico. Ella carecía de dote, porque su padre no tuvo capacidad económica para ahorrar lo suficiente para ella y para Cassandra.

Sin embargo, Jane tuvo propuestas de matrimonio; así pues, debía de ser guapa.

Su sobrino, aunque no la conoció en persona, en su biografía dice —por comentarios que fue recogiendo— que Jane Austen no era hermosa, pero que «emanaba un peculiar encanto propio». Señala que transmitía salud y viveza, y que «tenía la tez bronceada y saludable: las mejillas redondas y llenas, la boca y la nariz pequeñas y bien dibujadas, brillantes ojos marrones y un cabello castaño que se rizaba de forma natural alrededor de la cara».[21]

---

[20] Dove, «El impacto de los estándares de belleza en niñas y mujeres», Dove Global Report, 2024. Disponible en: <https://www.eltrecetv.com.ar/noticias/2024/05/23/que-dice-el-estudio-mas-grande-del-mundo-sobre-los-estandares-de-belleza/>.

[21] Worsley, L., *Jane Austen en la intimidad*, *op. cit.*

En resumen, una mujer normal.

Dando un salto en el tiempo, en 1996 se publicó *El diario de Bridget Jones*,[22] que no deja de ser una adaptación de *Orgullo y prejuicio* de Jane Austen. Vendió millones de ejemplares en todo el mundo y en 2001 fue llevada al cine, con recaudaciones millonarias. La clave del éxito de esta revisión del clásico de Jane Austen fue la caracterización de la protagonista como una mujer «normal».

Bridget Jones no destaca por su belleza. La autora, Helen Fielding, nos la presenta como una mujer obsesionada con adelgazar, que es graciosa, sensible, despistada y, eso sí, buena persona. Los lectores se enamoraron de ella precisamente porque se identificaban con su «normalidad».

La heroína de la historia podía ser cualquiera: la lectora, su hermana o su prima, su amiga o su novia. Ahí estaba la gracia. No era una gran belleza de Hollywood. De hecho, en la adaptación cinematográfica, Renée Zellweger, quien dio vida a Bridget Jones, tuvo que engordar hasta nueve kilos para dar el perfil del personaje.[23] Tampoco es un personaje demasiado inteligente, pero tiene buen corazón.

Todo eso es lo que la hace humana y le da ese «encanto propio» del que hablaba el sobrino de Austen. En la parte final de este capítulo veremos en qué consiste y cómo puede potenciarse.

---

22 Fielding, H., *El diario de Bridget Jones*, trad. N. Busquets, Barcelona, Debolsillo, 2001.

23 IMDb, *Trivia: Bridget Jones's Diary (2001)*. Disponible en: <https://www.imdb.com/title/tt0243155/trivia/>.

La belleza vista por Jane Austen

Jane Austen no presta especial atención a la descripción física de las protagonistas de sus novelas.

Elizabeth Bennet, de *Orgullo y prejuicio*, tiene una «figura ligera y agradable» y un «rostro hermoso»; es su hermana mayor, Jane, la que es considerada como «la guapa de la familia».

Marianne Dashwood, de *Sentido y sensibilidad*, es descrita como una joven con «una figura elegante y bien proporcionada» y «un rostro lleno de expresión y sensibilidad». Mientras que de Elinor Dashwood, su hermana, solo se menciona que tiene una «apariencia agradable» y una «expresión de buen sentido».

De Fanny Price en *Mansfield Park* se dice que es «pequeña para su edad» y «delicada» en su niñez, y que, a medida que crece, se desarrolla como una persona modesta y tímida. No se detalla nada más de su físico, a excepción de que tiene una «complexión delicada».

Catherine Morland, de *La abadía de Northanger*, es una de las que más detalles físicos se dan. Aun así, solo sabemos que en su infancia era una niña «delgada y desgarbada» y que al llegar a la adolescencia se convierte en una mujer «agradable y atractiva», pero no en el sentido convencional de belleza.

En *Persuasión*, el último libro que logró terminar Jane Austen cuando ya contaba cuarenta años, la protagonista, Anne Elliot, se muestra como una mujer que con veintisiete años ya había «perdido su lozanía» y «su belleza había disminuido». Sin embargo, destaca sus «ojos brillantes», su «elegancia de mente y dulzura de carácter». Cuando reencuentra el amor, Anne también vuelve a florecer.

Por último, tenemos a dos heroínas curiosas.

Por un lado, Emma Woodhouse, de la novela *Emma*. Esta protagonista es distinta. Es la única que se describe como «atractiva, inteligente y rica», pero a su vez es altiva, soberbia e incluso insolente y cruel en el trato con algunas personas. Lo más importante de Emma es que debe aprender a ser humilde, modesta y compasiva. Solo a través de estos atributos alcanzará el amor verdadero. En este caso particular, la belleza para Jane es un signo negativo, más que positivo, pues puede conducir a la soberbia.

Aún más interesante es el caso de lady Susan de su novela homónima. Sin duda, lady Susan Vernon es la protagonista sobre la que recae más atención física, y también la más guapa de todas. Catherine Vernon, su cuñada, dice en una carta: «Realmente, es excesivamente hermosa... Rara vez he visto a una mujer tan encantadora como lady Susan. Es delicadamente blanca, con finos ojos grises y oscuras pestañas; y, por su apariencia, uno no supondría que tiene más de veinticinco años, aunque en realidad debe de tener diez más». Siendo la más guapa, es también la de mayor edad, y, a su vez, la única que es malvada y no logra alcanzar sus deseos.

Otros personajes secundarios en los que se destaca su belleza son Mary Crawford en *Mansfield Park*, de quien se dice que «tenía una figura hermosa, unas facciones agradables y un aire tan elegante como desenfadado que rara vez dejaba de agradar»; o Isabella Thorpe en *La abadía de Northanger*, que es descrita como «una joven de gran belleza; su figura era alta y elegante, y sus modales, abiertos y amistosos». Ambas son bellas, pero superficiales, y sirven para contrastar con las protagonistas, menos agraciadas físicamente pero con valores más sólidos y buen corazón.

La belleza en Jane Austen, por consiguiente, representa más una tentación que un valor en sí mismo.

En el caso de las hermanas Louisa y Henrietta Musgrove en *Persuasión*, ambas son descritas como jóvenes hermosas, vivaces y amables. Tal vez Louisa es la más bella y llamativa de las dos. Su juventud y su impulsividad la llevarán a sufrir un accidente que provocará un cambio en su carácter. A partir de aquí, Louisa tomará más conciencia de los valores importantes en la vida, que son los del corazón.

Sin duda, Jane Austen sentía que, si bien tenía ciertas cualidades físicas, no era una gran belleza. También se comparaba a menudo con su hermana, a quien adoraba. Jane, que era tímida, orgullosa, sensible, audaz e introvertida, valoraba de Cassandra su bondad, compasión, ternura, afecto y dedicación a la familia. Es decir, su belleza interior.

Estos son los valores que más resalta de sus protagonistas o hacia donde evolucionan en la historia. Pues estas son las cualidades que hacen que las personas sean valiosas, además de susceptibles de dar y recibir verdadero amor.

Tal como reflexiona Emma Woodhouse en *Emma*: «No hay encanto comparable a la ternura de corazón».

DESCUBRE TU GENUINA BELLEZA

Para que puedas gustarte sin prejuicios, te propongo el siguiente ejercicio. Describe tres momentos en los que te has sentido profundamente bella o bello:

1. ....
2. ....
3. ....

Ahora reflexiona: ¿por qué crees que conectaste con tu belleza más profunda?, ¿qué elementos influyeron en el hecho de que te sintieras así? Tal vez fue la mirada o las palabras de otros, tu propia mirada, el amor, la libertad, la felicidad... Y ahora responde con toda la sinceridad de que seas capaz: ¿qué crees que influye en ti a la hora de sentirte bello o bella?

....

....

....

Las cinco claves de la belleza interior

En este capítulo me he centrado en la belleza femenina a partir de las novelas de Jane Austen. Sin embargo, la obsesión por el físico ha llegado, en nuestro siglo XXI, a los hombres. De todas las edades, además. Todos conocemos a tipos maduros que se lesionan en el gimnasio para seguir pareciendo jóvenes, o que se hacen dolorosos trasplantes de pelo para emular su «yo» del pasado. El famoso «síndrome de Peter Pan» tiene mucho que ver con esto.

Con todo, seas hombre o mujer, la «fachada» acaba por deteriorarse y el valor está en lo que haya dentro del edificio.

Para terminar voy a centrarme en cinco factores de la «belleza interior» que todo el mundo puede cultivar, pues no dependen de horas en el gimnasio, cremas, *liftings* o trasplantes. Lo que hace que alguien posea encanto, según la mirada de Austen, tiene que ver con cualidades mentales o espirituales que se pueden cultivar.

1. *Conversación.* La belleza física es pasajera o nos acabamos cansando de ella, de tanto verla, pero una charla inolvidable hace que nuestro interlocutor se quede grabado a fuego en nuestro corazón. Las personas que saben hablar, escuchar y divertir a través de la palabra siempre serán atractivas a ojos de los demás. En ese sentido, perfiles con atributos físicos que no encajan con el canon de belleza al uso pueden ser muy magnéticos si dominan el arte de la conversación.
2. *Sonreír.* Parece un gesto sencillo, pero implica el trabajo conjunto de hasta doce músculos. Una simple sonrisa ilumina el rostro de quien la exhibe y hace sentir bien a quien la recibe. En el lado opuesto, las personas de expresión adusta y grave nos ponen en tensión o nos contagian su propio sentimiento de fatalidad. Tal como proclamaba una canción de Louis Armstrong de 1955: «*Cuando sonríes... el mundo entero sonríe contigo*».

3. *Amabilidad.* Quizá cuando somos muy jóvenes prestamos atención a bellezas más agresivas, incluso si la naturaleza de la persona es insolente. La muchacha inexperta se siente fascinada por el «malote» que, haciendo honor a su fama, acaba dándole una mala experiencia. Con los años, sin embargo, estos fuegos de artificio dejan de impresionarnos y nos fijamos en la verdadera belleza del corazón. La bondad se convierte entonces en un valor apreciable, así como la capacidad de hacer sentir bien al otro. ¿Quién no querría compartir la vida con un alma así?
4. *Buen humor.* Recuerdo que un amigo me contó el primer consejo sentimental que le dio una desconocida. Se hallaba en un autobús lleno de estudiantes rumbo a París y discutía con su compañero de viaje acerca del poco éxito que tenían con las chicas. En medio de la conversación, una joven que iba en el asiento de delante se giró hacia ellos y les dijo: «Escuchad, no os preocupéis tanto por ser guapos, tener dinero o llevar ropa de marca. Para que una chica os preste atención tenéis que hacerla reír. Si sois capaces de eso, tendréis ya mucho ganado». Es solo uno de los atributos de la belleza interior, pero, sin duda, nos resulta muy agradable estar con personas que poseen esa capacidad para aligerar penas y sacar la energía salvaje de la risa. Tal como reza un proverbio árabe: «Quien hace reír a sus amigos es digno del paraíso».
5. *Gratitud.* Hacia los demás. Hacia la vida. Qué agradable resulta que alguien te diga que eres impor-

tante para él o ella, o bien que aquello que le dijiste le sirvió en un momento difícil. Las personas que saben agradecer —sin hacerse pesadas, por supuesto—, resultan atractivas. Y si además dan gracias a la vida y la celebran, estar junto a ellas se convierte en una fiesta. La gratitud es como un imán que atrae cosas buenas a quienes la practican.

8
La rueda de la fortuna

En las últimas décadas, la ciencia y la tecnología han pasado a ocupar un lugar central en nuestra sociedad. Han sustituido el papel de la gestión, del trato humano, de la predicción de fenómenos, de la investigación y de las políticas económicas y sociales. Poco a poco se han ido descubriendo explicaciones científicas a fenómenos que creíamos que eran azarosos, sobrenaturales o alejados del poder humano.

La capacidad que hemos adquirido para comprender y modificar el mundo gracias a la ciencia y la tecnología es extraordinaria. Sin embargo, esta «tecnocientificación», por ponerle un nombre, provoca una tendencia al racionalismo absoluto que deja de lado otras formas de conocimiento, ya sean emocionales, espirituales o artísticas.

Esta tendencia también implica un hecho limitante: hemos dejado de creer en el poder transformador de la fortuna.

Nuestra necesidad de control nos lleva a querer racionalizarlo todo, y la ciencia y la tecnología hacen que esto parezca posible. Pero es solo una ilusión. La vida no puede predecirse o controlarse, ni en lo bueno ni en lo malo.

En 2007, el ensayista y ex corredor de bolsa Nassim Nicholas Taleb publicó *El cisne negro*, en el que afirma que el mundo está regido por el caos, la aleatoriedad y la no-causalidad. En ese contexto, el cisne negro es aquello que nadie espera que ocurra, y justamente por eso encuentra su oportunidad. La invención de la Coca-Cola o de YouTube serían ejemplos de ello.

Muchas de las cosas que suceden solo pueden racionalizarse en retrospectiva, pues casi nada es lógico y predecible. El azar es una poderosa variable en todo lo que hacemos. Lo que sí marca la diferencia es lo que hacemos con lo que el azar nos entrega. En su *Ética a Nicómaco*, Aristóteles ya decía:

> Muchas cosas suceden por casualidad, a veces es suerte, buena o mala, pero no suelen convertirse en cosas que decidan nuestra vida. [...] Es nuestra responsabilidad recibir y apreciar la belleza de nuestra suerte y usarla con nobleza.
>
> En otras ocasiones, la mala suerte nos traerá dolor e interferirá con muchas cosas que hacemos. Pero es todo lo mismo, incluso cuando las cosas no van bien, la nobleza y las buenas intenciones brillan en aquellos que son capaces de lidiar con desgracias y pérdidas.

Seis casos de fortuna

Así como nos sorprendemos con la muerte repentina de alguien, la vida también nos puede brindar regalos tan inesperados como extraordinarios. Veamos algunos ejemplos.

Una anciana guardó durante toda su vida una bonita piedra que había encontrado en un arroyo de Colti, una aldea al sureste de Rumanía. La usaba de forma habitual como tope de una puerta. Cuando la anciana falleció, un familiar heredó su propiedad y, al informarse sobre el posible valor de la piedra, descubrió que es un ámbar con un valor científico extraordinario. Los científicos estiman que tiene entre 38,5 y 70 millones de años de antigüedad. La pieza posee, por tanto, un valor económico de un millón de euros y ha cambiado la vida de toda la familia, así como la de la comunidad científica que la está estudiando.[24]

En 2014, una pareja de California paseaba tranquilamente con su perro cuando descubrió ocho latas enterradas en su propiedad. Contenían más de mil cuatrocientas monedas de oro de la época de la fiebre del oro. Su valor se estimó en torno a los diez millones de dólares debido a su rareza y a su perfecto estado de conservación.[25]

En ocasiones son los más jóvenes los grandes afortunados. Mientras paseaba con su perro por el campo de Pa-

---

[24] Sánchez Costa, R., «Una anciana rumana usó como tope de puerta durante décadas una pieza de ámbar valorada en un millón de euros», *El País*, 3 de septiembre de 2024. Recuperado de: <https://elpais.com/ciencia/2024-09-03/una-anciana-rumana-uso-como-tope-de-puerta-durante-decadas-una-pieza-de-ambar-valorada-en-un-millon-de-euros.html>.

[25] «La pareja que encontró monedas de oro valoradas en 10 millones de dólares mientras paseaba a su perro», *La Vanguardia*, 25 de febrero de 2014. Recuperado de: <https://www.lavanguardia.com/andro4all/tecnologia/fue-a-dar-un-paseo-tranquilo-pero-encontro-monedas-de-oro-por-valor-de-10-millones>.

gham, West Sussex (Inglaterra), un niño encontró un brazalete romano de oro que data del siglo I d. C.[26]

Pero la suerte no solo puede llegar en forma de dinero.

Lena Pahlsson, una mujer sueca, perdió en 1995 su anillo de bodas mientras cocinaba. Dieciséis años después, estaba recogiendo zanahorias en su jardín cuando encontró el anillo incrustado alrededor de una de ellas, como si la tierra se lo hubiese devuelto. ¿Es o no asombroso?

Es conocido también el caso de Tsutomu Yamaguchi, un ingeniero japonés que sobrevivió a las dos bombas atómicas en Hiroshima y Nagasaki en agosto de 1945. Estaba en Hiroshima por motivos de trabajo cuando ocurrió la primera explosión, de la que resultó con heridas de gravedad. Sin embargo, sobrevivió. Al regresar a Nagasaki, su ciudad natal, unos días después, vivió la segunda detonación y volvió a sobrevivir. Tsutomu Yamaguchi, que murió en 2010 a la edad de noventa y tres años, fue reconocido oficialmente como el único superviviente de ambos bombardeos.[27]

Un último ejemplo extremo sería el caso de Frane Selak, apodado «el hombre con más suerte del mundo», que sobrevivió al descarrilamiento de un tren, a un accidente aéreo, a un accidente de autobús, a dos incendios y posteriores explosiones de su vehículo, a un atropello y a una colisión

---

[26] «Niño paseando a su perro encuentra un brazalete romano de oro de 2.000 años», BBC News, 10 de septiembre de 2024. Recuperado de: <https://www.bbc.co.uk/news/articles/ce80318l1z3o>.

[27] «La doble suerte de Yamaguchi», BBC News, 25 de marzo de 2009. Recuperado de: <https://www.bbc.com/mundo/cultura_sociedad/2009/03/090325_1915_yamaguchi_ln>.

frontal con un camión. Por si esto fuera poco, con setenta y cuatro ganó un millón de dólares en la lotería croata.[28] Increíble, pero cierto.

Cambios de tornas

Jane Austen era consciente de que la fortuna es una rueda. Unas veces te lleva a lo más alto y la vida te sorprende positivamente. Otras te hunde muy abajo y te quita aquello que tenías. Aun así, la rueda sigue girando.

Ambas situaciones las vivió nuestra autora a lo largo de su vida.

La rueda de la fortuna giró en su contra cuando su padre decidió dejar la rectoría de Steventon, en Hampshire, a su hermano James. Steventon representaba sus raíces, el hogar y la paz de Jane, que sufrió mucho con esta decisión y su posterior traslado a Bath.

Poco después, otra desgracia llegó a su vida: George Austen, su padre, falleció. Este infortunio las dejó a su madre, a su hermana y a ella en la precariedad económica. Sin embargo, la rueda de la fortuna volvió a girar cuando su hermano Edward se hizo cargo de ellas y les cedió una propiedad donde pudieron vivir cómodamente. Fue en Chawton House donde Jane encontró la paz que necesitaba para seguir escribiendo.

---

[28] «Por qué está enojado "el hombre con más suerte del mundo"», *El País*, 16 de mayo de 2014. Recuperado de: <https://elpais.com/internacional/2014/05/16/actualidad/1400243200_000000.html>.

Edward, el tercero de los hermanos Austen, había sido adoptado por Thomas Knight II y su esposa Catherine Knight, unos primos lejanos de la familia Austen. Los Knight no tenían hijos y buscaban un heredero para sus significativas propiedades. Cuando cumplió dieciséis años, la adopción de Edward fue certificada y el joven pasó de tener un futuro modesto e incierto como hijo de un reverendo de pueblo a una situación económica estable y lujosa.

Con su herencia, Edward recibió la suntuosa propiedad de Godmersham Park, en Kent, donde acogió numerosas veces a sus hermanos, y también la mencionada Chawton House, en Hampshire, donde Jane Austen viviría los últimos años de su vida y lograría por fin seguridad económica y la felicidad en su amado campo.

Así pues, la fortuna de Edward fue también la de toda la familia Austen. Todos sus miembros pudieron beneficiarse de su apoyo financiero, logístico y social.

Suerte y calamidad en la literatura de Austen

La rueda de la fortuna desempeña un papel crucial en las obras de Jane Austen. Veamos algunos ejemplos.

En *Sentido y sensibilidad*, las hermanas Dashwood, al igual que le pasó a Jane, pierden su amada casa en favor de su hermano por parte de padre —de un matrimonio anterior—. Esto las obliga a llevar una vida más humilde lejos de su entorno habitual. Sin embargo, este cambio trae también la buena fortuna a las hermanas, pues ambas conocerán a las personas con las que se casarán, recuperando así la estabilidad.

En *Persuasión*, Anne Elliot no recibe el apoyo de su familia para casarse con el capitán Wentworth y es persuadida para que lo rechace por su poca solvencia económica y su situación social. Esta decisión deja a Anne con el corazón roto y sin capacidad para rehacerse durante diez años. Cuando Wentworth regresa a su vida, se ha convertido en un hombre rico y de éxito. Habría sido preferible no pasar esos diez años con el dolor de la ruptura, pero la distancia, la pérdida y el tiempo les ha permitido a ambos madurar y valorar más su amor.

En *Mansfield Park*, Frances Ward, la madre de la protagonista, Fanny Price, se casa por amor con un humilde teniente de la marina, lo que desemboca en una vida de penurias para ella y sus hijos. A su vez, otra de las tres hermanas Ward se casa con sir Thomas Bertram, un rico baronet que establece a la tía de Fanny en Mansfield Park, y esta acoge a Fanny para su mejor educación en la casa.

En *Emma* hay dos personajes que representan la mala fortuna. Uno es Jane Fairfax, huérfana desde niña. Sus padres, un teniente de la marina y su esposa, fallecieron dejándola en una situación de gran precariedad. Sin embargo, Jane es adoptada por el coronel Campbell, un amigo de su padre, quien se encarga de su educación y cuidado. Gracias a esta intervención, Jane recibe una educación excepcional, muy por encima de la mayoría de las jóvenes de su clase social. También gracias a la familia Campbell, Jane conoce a Frank Churchill, un joven rico y atractivo, hijo adoptivo a su vez de la poderosa miss Churchill. Al final de un compromiso secreto, los jóvenes logran vencer los posibles obstáculos a su relación y casarse.

El segundo personaje de *Emma* es Harriet Smith, de origen incierto, pues solo se sabe que es hija ilegítima de un hombre acomodado y que ha sido criada en una escuela para señoritas. Esto le genera dificultades en las relaciones sociales y merma sus posibilidades de matrimonio. Sin embargo, tras liberarse de las ambiciones y la manipulación de Emma, su amiga en el internado, consigue establecerse con el hombre del que está enamorada, una persona sólida, amable, que la ama y le aporta seguridad económica y comodidad sin pretender de ella más de lo que es.

Los cuatro tipos de fortuna

Todas estas historias pretenden mostrar que la rueda de la fortuna es imprevisible. Vivimos en la falsa creencia de que mañana nuestra vida será igual que hoy. Es más, pensamos que nuestra existencia de aquí a unos años será tal como la planeamos. Pero pocas veces es así. La fortuna existe y llega para ponernos a prueba, para fortalecernos, para que aprendamos, para hacernos emprender nuevos caminos que nos llevarán a destinos que de otro modo jamás habríamos conocido.

En su libro *Maneki Neko*, Nobuo Suzuki distingue cuatro tipos de fuentes de las que procede la fortuna. Saber identificarlas nos permitirá ponerlas a nuestro favor:

1. *Suerte ciega*. Es la que llega de forma cien por cien accidental. No requiere de esfuerzo alguno por nuestra parte. Algunos ejemplos de suerte ciega se-

rían: nacer o no en una familia rica, sufrir alguna enfermedad, que te toque la lotería, que haga buen o mal tiempo durante un viaje, etcétera. Lo único que podemos hacer con esta clase de fortuna es aceptarla, pues se encuentra fuera de nuestro control.

2. *Suerte a través de la perseverancia y el movimiento.* Nos favorece cuando nos esforzamos y trabajamos, y en especial cuando nos movemos. Tal como explica Nobuo Suzuki, «el objetivo de este tipo de suerte es crear "accidentes felices" que nos beneficien, y para conseguirlo es importante no quedarse quietos». Esta clase de fortuna está en cierto modo bajo nuestro control. Cuanto más activos seamos, más probabilidades habrá de que la suerte nos sonría.
3. *Suerte a través de la caza de oportunidades.* Si estás atento a lo que sucede a tu alrededor, cosecharás más éxitos que si tu radar está apagado. Sobre esto, Woody Allen afirmaba que «el 80 % del éxito consiste en estar allí». Y con ese «allí» no nos referimos a un lugar físico, sino a centrar la atención en lo que sucede para que puedas capturar la oportunidad.
4. *Suerte por invitación.* Según la define Suzuki: «Es la suerte que viene a nosotros cuando nos invitan a ser parte de oportunidades únicas que no son ofrecidas a otros. Es el tipo de suerte más difícil de atraer, porque requiere de mucho tiempo cultivando el *networking*, además de trabajar nuestra personalidad para ser especiales y diferentes a otros». Para que te «inviten» a ser afortunado, has de cultivar

durante años buenas relaciones, siendo útil y generoso con los demás, de modo que cuando surja la oportunidad seas la primera persona de la lista.

La gente feliz tiene buena suerte

Esta afirmación puede parecer una frivolidad, o quizá un error en el orden de los elementos. ¿No será al revés, que si tienes buena suerte eres feliz?

En realidad, se trata de la traducción de la expresión inglesa *Happy-Go-Lucky*, que viene a significar eso: la gente feliz atrae las mejores oportunidades.

Desde un punto de vista psicológico, tiene todo el sentido del mundo. Si fueras una persona adinerada y buscaras un proyecto en el que invertir, ¿elegirías a una persona amargada y de discurso pesimista? ¿O preferirías confiar en alguien rebosante de entusiasmo y buenas perspectivas?

Es una cuestión puramente energética: una actitud feliz atrae a mejores personas y mejores resultados a tu existencia. *Happy-Go-Lucky!*

El arte de crear circunstancias favorables

En 2004, Álex Rovira y Fernando Trías de Bes publicaron *La buena suerte*. La historia empieza con dos viejos amigos que se encuentran en un parque después muchos años sin haberse visto. La fortuna de uno y otro no podría ser más desigual.

El primero tuvo la «suerte» de que le tocara la lotería, pero realizó inversiones ruinosas hasta quedarse absolutamente sin nada.

El segundo tuvo un punto de partida muy humilde, ya que empezó trabajando de conserje, pero acabó creando un imperio con su esfuerzo. Al ser preguntado por su amigo cómo lo logró, este le cuenta una fábula que le legó su padre acerca de dos caballeros que buscan un trébol de cuatro hojas.

A lo largo del cuento, los autores van desgranando las claves de la Buena Suerte.

Una de las principales es que «la suerte no dura demasiado tiempo, porque no depende de ti. La Buena Suerte la crea uno mismo, por eso dura siempre», afirman Rovira y Trías de Bes.

¿Y cómo se «crea» la Buena Suerte? Pues creando circunstancias nuevas que favorezcan que ocurran cosas nuevas. Los autores lo sintetizan con esta fórmula:

PREPARACIÓN + OPORTUNIDAD = BUENA SUERTE

DESGRANANDO LA BUENA SUERTE

En este ejercicio te pido que tomes dos o tres ejemplos de personas que han tenido «fortuna» para entender las circunstancias favorables que han creado. También puedes inspirarte en algún «golpe de suerte» (que no sea producto del juego) que hayas vivido.

Las preguntas serían:

1. ¿Cómo se había preparado la persona antes del evento afortunado?

....

....

2. ¿Qué hábitos diarios le ayudaron a cazar esta oportunidad o a desarrollar su proyecto?

....

....

3. ¿Qué clase de relaciones cultivó que fueron determinantes para su fortuna?

....

....

4. ¿Cuál era su estado de ánimo dominante? ¿Qué emociones transmitía a los demás?

....

....

5. ¿De qué manera estaba atento/a a lo que sucedía a su alrededor?

....

....

Para promover la buena suerte en tu vida, ahora responde:

¿Qué puedes aplicar de todo lo anterior para que la fortuna te sonría en este momento de tu vida?

....

....

9
El hogar como ancla del alma

Uno de los valores principales en Jane Austen es el hogar. En su obra aparecen pocas descripciones físicas de los personajes; en cambio, detalla con profusión las mansiones, las casas de campo o los apartamentos en los que viven o por los que transitan sus personajes.

Incluso dos de sus novelas llevan por título el nombre de un lugar: *Mansfield Park* y *La abadía de Northanger*. Si bien es cierto que *La abadía de Northanger* iba a llamarse como su protagonista, Catherine, al final su familia cambió el título respondiendo a esta preponderancia de los espacios en el imaginario narrativo de la autora.

Solo en *Orgullo y prejuicio*, por ejemplo, encontramos referencia a seis casas: Longbourn, Netherfield Park, Rosings Park, Pemberley, Hunsford Parsonage y Lucas Lodge, así como una posada, Lambton Inn.

En *Sentido y sensibilidad* aparecen ocho residencias distintas: Norland Park, Barton Cottage, Barton Park, Allenham, Delaford, Cleveland, Combe Magna, y las casas de la señora Jennings y de los Ferrars en Londres.

El resto de las novelas tienen más o menos el mismo número de casas, mansiones o espacios donde los personajes actúan y se relacionan, pero también a través de los cuales se describen su estatus social, los conflictos y los valores que representan.

Dime dónde vives y te diré cómo eres

Cuando las hermanas Dashwood, en *Sentido y sensibilidad*, se trasladan a Barton Cottage, descubren que la nueva casa no está a la altura de la comodidad a la que estaban acostumbradas:

> Barton Cottage, aunque pequeña, y con mucho menos atractivo que Norland Park, se encontraba en un sitio encantador. Al pie de una colina, con un césped inclinado hacia la carretera, y una vista parcial del mar a lo lejos. La casa en sí no era grande, pero parecía suficientemente espaciosa para una familia pequeña. Su interior era simple y limpio, y las habitaciones, aunque no amplias, estaban bien distribuidas y con ventanas que dejaban entrar suficiente luz.

Es una descripción de un hogar sencillo, pero suficiente para las tres hermanas y la madre, luminoso, tranquilo, amable, en plena naturaleza. Es un lugar en donde de entrada sentimos que pasarán cosas buenas, que será un nuevo hogar feliz para las protagonistas. El cambio de nivel social las obliga a llevar una vida más discreta, pero a la vez más sincera. En Jane Austen, la ostentación y el lujo pocas veces van de la mano de la felicidad.

Otro ejemplo interesante de cambio de hogar es la descripción de Mansfield Park.

> Era una amplia y sólida mansión construida por sir Thomas, rodeada de jardines extensos y cuidados. Todo lo relacionado con la casa respiraba orden, decoro y opulencia moderada. La sala principal y el comedor, decorados con gusto clásico, daban la bienvenida a los visitantes con una sensación de respeto y admiración, mientras que los jardines, cuidadosamente diseñados, ofrecían un refugio de paz y belleza.

Si nos fijamos bien, no hay detalles físicos sobre la casa. No sabemos si en el comedor hay una mesa para diez personas o para veinte, si hay sofás o chimenea. No sabemos si está decorado en colores cálidos o azulados. No sabemos nada de la parte más visible, pero sí nos ofrece una sensación emocional de la casa. Sabemos que es imponente, regida por un hombre, y que a todos los visitantes les infunde respeto. También sabemos que los jardines son un refugio.

¿Un refugio de qué? ¿Puede un jardín ser el refugio de una casa? Sí. Mansfield Park tiene una personalidad tan fuerte que hace que la protagonista se sienta extraña y necesite refugiarse en los jardines.

Otro ejemplo interesante es Pemberley, la residencia de Mr. Darcy en *Orgullo y prejuicio*.

> Al doblar la esquina de la carretera, apareció Pemberley ante sus ojos. Una casa grande y hermosa, situada en un valle. A pesar de estar edificada a gran escala, se integraba perfectamente en el paisaje circundante. Todo parecía hablar de un gusto refinado y de una mente generosa. [...] Era una gran y hermosa mansión de piedra, situada en medio de un parque bien arbolado. En el frente había un arroyo que, aunque suficientemente grande para ser llamado río, no había sido embalsado artificialmente, sino que seguía su curso natural. [...] Sus orillas no eran ni excesivamente despejadas ni demasiado tupidas de árboles. [...] Entraron en uno de los salones más elegantes que Elizabeth había visto jamás, y en aquel momento se sintió avergonzada de todas las ideas que había tenido sobre el dueño del lugar. Para cualquier persona con juicio sensato, lo que se veía en la casa y en los terrenos circundantes podía justificar plenamente la estimación más elevada que se tuviera del dueño. Era una prueba del buen juicio, el sentido común y la prudencia que regían sus vidas.

Después de leer esta descripción, muchos lectores manifiestan su disgusto por la debilidad de Elizabeth Bennet hacia la riqueza de Mr. Darcy. Sin embargo, en realidad lo que revela es una extensión del carácter de su dueño. Habla de su buen juicio, sentido común, prudencia, elegancia, e incluso del hecho de que había dejado que el río siguiera su curso natural. En ningún momento describe ostentación, ni tan siquiera comodidad o detalles lujosos o grandiosos.

Podemos estar seguros de que lo que ve Elizabeth en

Pemberley no es el dinero o la posición social que podría ostentar, porque antes de conocer Pemberley es invitada a Rosings Park, una mansión incluso más lujosa y que, no obstante, disgusta a Elizabeth:

> Cada ventana tenía vidrieras góticas, y los espejos, colocados frente a ellas, duplicaban el efecto de grandeza y magnificencia que se percibía al entrar. Los muebles eran de un esplendor poco común, adecuados para la fortuna de su dueña, y toda la casa parecía estar diseñada para inspirar admiración y respeto.

Aquí se transmite una voluntad de ostentación, de falsedad, de querer duplicar el valor que tiene la casa con un juego de espejos; es una representación de la soberbia de su dueña, de su falta de humildad y honradez.

Los hogares de Jane

También para Jane Austen los lugares donde vivió tuvieron gran relevancia. Nació y creció en la rectoría de Steventon. Fue la primera experiencia que tuvo de «hogar» y la guardó para siempre en su corazón. En las cartas de la autora a su hermana se menciona la calidez de la vida en aquella casa, más que su tamaño, comodidad o lujo.

En una carta del 9 de enero de 1796, Jane dice:

> Tuvimos una reunión muy agradable anoche, y me divertí mucho; pero no puedo evitar pensar que la mitad de

> la belleza de las reuniones en Steventon reside en la familiaridad de las caras y en la cordialidad de todos.

También menciona muchas veces el jardín de Steventon o su habitación:

> El tiempo aquí ha sido lluvioso y desapacible, lo que ha impedido que podamos disfrutar del jardín como de costumbre. Sin embargo, he aprovechado para leer y escribir junto a la ventana de mi habitación, observando cómo las gotas de lluvia caen sobre los cristales.

Era esta sencillez lo que proporcionaba felicidad a Jane Austen. Por supuesto que sabía apreciar el lujo cuando tenía ocasión, por ejemplo, en las largas temporadas que pasó en Godmersham Park, la mansión de su hermano Edward. El 24 de agosto de 1805, Jane la describe así en una de sus cartas:

> La casa es grande y cómoda, y todos aquí son muy amables conmigo. He disfrutado de paseos por los jardines y la biblioteca es verdaderamente impresionante.

También menciona la amplitud de su habitación, que no compartía con nadie, o de la biblioteca, en la que se refugiaba cuando sus tareas como «tía canguro» se lo permitían. El 24 de octubre de 1808 le cuenta a su hermana:

> En estos momentos tengo cinco mesas, veinticinco sillas y dos fuegos solo para mí.

Aun así, en Godmersham también había una vida social extremadamente activa, con un deambular constante de conocidos, parientes y vecinos que entraban y salían de la casa sin previo aviso. Así se lo refiere a Cassandra en una de sus cartas:

> En esta casa, los pequeños acontecimientos se suceden sin cesar. Siempre hay alguien entrando o saliendo.

Esto recuerda a la vida en Barton Park, la mansión de los Middleton en *Sentido y sensibilidad*:

> Barton Park estaba situado a una milla de distancia de la casa de los Dashwood. La casa era grande y solemne y los Middleton vivían allí en un ambiente tanto de hospitalidad como de elegancia. La primera podía atribuirse a sir John, así como la segunda a su esposa. Casi nunca se encontraban sin un amigo en casa, y solían acoger más huéspedes que cualquier otra familia de la región. Era algo necesario para la felicidad de ambos; porque, si bien diferentes de temperamento y maneras, coincidían en una falta absoluta de talento y gusto que limitaba extraordinariamente sus ocupaciones y las situaba en una reducida área siempre que quedaban desconectados de la vida social.

Seguro que esto era bastante similar a las vivencias de Jane Austen en Godmersham Park. Su relación con la esposa de su hermano era cordial pero superficial, y su impresión de la vida en la propiedad era de cierta disipación frívola. El 1 de julio de 1808, después de una estancia en Godmersham Park, Jane escribió:

> [...] comeré helado, beberé vino francés y estaré por encima de la economía vulgar.

La casa que nos invita a tener Jane Austen está alejada de Godmersham Park, de Rosings Park o incluso de la más solemne Mansfield Park. El hogar debe ser un refugio. No importa el tamaño, pues Pemberley puede serlo tanto como Barton Cottage.

Cuando, tras unos años desasosegados viviendo en distintas propiedades en Bath, Jane Austen se traslada a Chawton Cottage, una casa de campo que les cede su hermano Edward, allí encuentra de nuevo un hogar. El 20 de julio de 1809, poco después de trasladarse, escribe a su hermana lo siguiente:

> Nos hemos instalado en nuestra nueva casa en Chawton. El lugar es encantador, y me siento inspirada para retomar mi pluma y continuar con mis escritos.

El 10 de agosto de 1809, le cuenta a su amiga Martha Lloyd:

> Chawton Cottage es todo lo que podríamos desear. La tranquilidad y la belleza del entorno son propicias para la creatividad y la reflexión.

Y el 26 de septiembre de 1809 también escribe a su hermano Frank:

> Desde nuestra llegada a Chawton, he encontrado una paz que hacía tiempo no experimentaba. Este hogar nos ha devuelto la estabilidad y la felicidad que tanto anhelábamos.

Chawton Cottage era una casa de ladrillos rojos de estilo georgiano. Su tamaño era modesto, pero estaba bien distribuida, con dos plantas y un jardín. Se trataba de una casa funcional, ideal para una vida hogareña y tranquila. Estaba situada en un cruce de caminos en el pequeño pueblo de Chawton, cerca de la casa señorial de Edward, Chawton House, pero rodeada de campos.

En una carta a su sobrina Anna Austen, fechada el 26 de julio de 1809, Jane describe con afecto su nuevo hogar:

> Nuestra pequeña casa es muy cómoda y acogedora. Hay un bonito jardín donde podemos pasear, y desde mi ventana disfruto de una vista encantadora. Espero que este lugar sea el refugio que necesitamos y un espacio donde pueda dedicarme más plenamente a mi pluma.

Jane Austen encontró en Chawton Cottage un sitio que sentía como una extensión de ella misma, de su personalidad y sus necesidades vitales: la naturaleza, la sencillez, la paz para escribir.

Construye tu paraíso en casa

En los tiempos actuales, incluso más que antes, la elección de una casa está sujeta a la riqueza personal, en especial para quienes viven en un entorno urbano. En ciudades como Hong Kong, la escasez y el precio de la vivienda son tales que se han comenzado a alquilar casas —por llamarlo de algún modo— dentro de tubos de hormigón. La superficie habitable es de 11,5 metros cuadrados, como una habitación pequeña, y el alquiler mensual supera los trescientos euros.

Más allá de estas situaciones extremas, la mayoría de las personas pasarán a lo largo de su vida por distintas viviendas, como Jane Austen. Hay quienes huyen de la precariedad de la ciudad para disponer de más espacio en un entorno rural y disfrutar de la naturaleza.

Cualquiera que sea el espacio habitado, la manera de decorarlo y el uso que le damos hablan de la esencia de quienes viven allí. Por eso mismo, cualquier hogar puede convertirse en ese «refugio» al que aspiraban las heroínas de Austen.

En su libro *El paraíso es tu casa*, Diana Quan lo explica así:

> El hogar es una extensión de nuestro cuerpo y de nuestra alma, de todo aquello que anhelamos más íntimamente y muchas veces de cómo nos mostramos frente a un entorno inmediato.
>
> Cuando entramos en casa de alguien a quien no conocemos, enseguida descubrimos, en los objetos que se exponen ante nuestra mirada de visitante, una parte muy destacada de su personalidad. Son pistas que pueden dejarse de manera consciente o inconsciente, pero que transmiten parte de la esencia de quienes habitan ese espacio.
>
> El estilo ordenado y el desordenado, el del tímido o el del que necesita mostrar su espíritu barroco, aquel que confía en la tecnología y el que ha sabido integrar los ele-

mentos naturales en su entorno, el metódico y el obsesivo-compulsivo, el austero... Todo un universo tan lleno de posibilidades como personas hay en el mundo. Y estas muestras de cómo son los habitantes de cada vivienda pueden verse tanto en los hogares más humildes como en aquellos más suntuosos.

La buena noticia es que, si bien un hogar es el espejo del alma de sus inquilinos, esa correspondencia opera también en el sentido inverso. «Como es adentro, es afuera», se decía en el ancestral *Kybalion*. Al modificar el espacio en el que vivimos, también lo hacemos con nuestro estado mental y espiritual. Ordenar un despacho caótico, por ejemplo, puede ayudar a quien trabaja allí a aclarar sus ideas y a ser más optimista con sus proyectos. Y lo mismo es aplicable a cualquier espacio de la casa.

El ejercicio con el que cerraré este capítulo tan «casero» te servirá para realizar este tipo de alquimia.

¿QUÉ DICE TU CASA DE TI?

Te propongo que recorras los distintos espacios de tu casa para ver qué transmiten de tu interior y cómo podrías mejorarlos.

ENTRADA/RECIBIDOR

¿Se percibe orden? ¿Te recibe un olor fresco/acogedor? ¿Hay zapatillas o un suelo de madera que invite al descanso?

....

....

....

PASILLOS

¿Hay obras de arte, fotografías o recuerdos en las paredes? ¿O son espacios puramente funcionales?

....

....

....

SALÓN/COMEDOR

¿Qué colores o tonos predominan en la sala de estar? ¿Cuenta con luz solar? ¿La iluminación eléctrica es agradable? ¿Es un espacio relajante, en el que descansa la vista, o por el contrario está abigarrado?

....

....

....

COCINA

¿Transmite organización o hay una acumulación de cosas? ¿Dan ganas de permanecer en este espacio?

....

....

....

BAÑO

¿Es diáfano o da sensación de cerrado? ¿Cuenta con plantas? ¿Tiene libros o revistas que inviten a pasar un tiempo?

....

....

....

DESPACHO

¿Cómo describirías el orden de tu mesa? ¿Qué tiende a acumularse más? ¿De qué clase de persona habla?

....

....

....

DORMITORIO

¿Hay pocas cosas para incitar al descanso? ¿Tiene colores suaves? ¿Está bien aireado? ¿Qué hay en las mesitas de noche?

....

....

....

BALCÓN/JARDÍN

¿Hay plantas llenas de vitalidad o están secas? ¿Se nota el cuidado de un jardinero? ¿Hay un lugar que invite a sentarse?

....

....

....

A partir de este análisis, decide qué podrías mejorar en cada espacio para sentirte mejor, tanto en casa como contigo mismo. Puedes dedicar una semana a optimizar uno de los espacios.

10
Las primeras impresiones

Cuando Jane Austen escribió *Orgullo y prejuicio*, la obra inicialmente iba a llamarse *First Impressions.* El acento, pues, estaba en cómo las primeras impresiones nos llevan a conclusiones que muchas veces son erróneas. Este es uno de los grandes temas de esta novela y está presente en la mayoría de las obras de la autora.

Como animales que somos, nuestro cerebro está diseñado para protegernos. Estamos expuestos a constantes peligros, y debemos ser capaces de juzgar una situación a simple vista para reaccionar con agilidad y garantizar nuestra supervivencia y la de los nuestros. Con este objetivo, nuestro cerebro analiza a toda velocidad la información que recibe del exterior a través de los sentidos, la organiza y la etiqueta. De este modo, con el mínimo esfuerzo, tiempo y energía, puede relacionarla con situaciones futuras.

Sin embargo, este método no es infalible y muchas veces las primeras impresiones no son correctas, porque nos dejamos llevar por la opinión de otros, porque responden a prejuicios propios o, simplemente, porque hacemos una lectura errónea de la situación.

Peligros de juzgar sin conocer

Casi todas las heroínas de Jane Austen se equivocan en su criterio u opinión sobre las personas en alguna ocasión. Este juicio equivocado les supone muchos disgustos. Sin embargo, los incidentes de la vida las llevan, al final, a reconocer su error y a entender que, a menudo, una opinión reflexionada sobre las cosas es más acertada.

Elinor Dashwood lo describe así en *Sentido y sensibilidad*:

> —También he incurrido yo en parecidos errores —dijo Elinor—. En ciertos casos he dado muestras de total incomprensión respecto de algunas personas, teniendo a muchos por más alegres, más graves o más estúpidos de lo que realmente son; aunque no puedo precisar de qué circunstancia deriva el error. Unas veces nos guiamos en tales materias por lo que ellos mismos dicen, otras por lo que afirman los demás, el hecho es que no nos tomamos el trabajo de observar por nosotros mismos.

En la época de Jane Austen, las consecuencias de dejarse llevar por una mala impresión inicial podían ser terribles. En un mundo en el que las relaciones sociales estaban marcadas por rígidas normas y por un conocimiento superficial de las personas, las apariencias eran fundamentales para determinar matrimonios, amistades o alianzas comerciales. Era difícil desenmascarar las intenciones de una persona a partir de su imagen, o que la sociedad valorara a otra con una posición social inferior.

En *Orgullo y prejuicio*, Elizabeth Bennet tiene una primera impresión muy negativa de Mr. Darcy. Por su modo distante de relacionarse y su posición social superior, presupone que es engreído y orgulloso. A causa de esta primera impresión, Elizabeth da crédito a la historia que le cuenta Mr. Wickham, un hombre en apariencia encantador y afable que desacredita a Mr. Darcy y lo acusa de haberse quedado con la herencia que le correspondía.

En un momento de la historia, Mr. Darcy se acerca a Elizabeth cuando está tocando el piano. Ella le acusa de querer intimidarla, a lo que él replica lo siguiente:

> —No le diré que se ha equivocado —repuso Darcy— porque no cree usted sinceramente que tenía intención alguna de alarmarla; y he tenido el placer de conocerla lo bastante para saber que se complace a veces en sustentar opiniones que de hecho no son suyas.

Mr. Darcy considera que ella ya se ha formado una opinión sobre él y que, por su terquedad, será muy difícil que rectifique. No obstante, su amor por ella hace que intente justificarse y darle explicaciones sobre su carácter para que «Lizzy» tenga una mejor impresión.

En la misma escena, a continuación, se da el siguiente diálogo entre Elizabeth, Mr. Darcy y el coronel Fitzwilliam, un amigo de Mr. Darcy.

> —Dígame, por favor, de qué le acusa (a Mr. Darcy) —exclamó el coronel Fitzwilliam—. Me gustaría saber cómo se comporta entre extraños.
>
> —Se lo diré, pero prepárese a oír algo muy espantoso. Ha de saber que la primera vez que le vi fue en un baile, y en ese baile, ¿qué cree usted que hizo? Pues no bailó más que cuatro piezas, a pesar de escasear los caballeros, y más de una dama se quedó sentada por falta de pareja. Señor Darcy, no puede negarlo.
>
> —No tenía el honor de conocer a ninguna de las damas de la reunión, a no ser las que me acompañaban.
>
> —Cierto, y en un baile nunca hay posibilidad de ser presentado... [...]
>
> —Tal vez me habría juzgado mejor —añadió Darcy— si hubiese solicitado que me presentaran. Pero no sirvo para darme a conocer a extraños.
>
> [...]
>
> —Reconozco —dijo Darcy— que no tengo la habilidad que otros poseen de conversar fácilmente con las personas que jamás he visto. No puedo hacerme a esas conversaciones y fingir que me intereso por sus cosas como se acostumbra.

Sin embargo, Elizabeth Bennet se dará cuenta de que las acusaciones que recaen sobre Mr. Darcy son falsas y que su primera impresión sobre él estaba equivocada.

Ya al principio de la obra, cuando Mr. Darcy y Elizabeth bailan por primera vez, la autora introduce un indicio de lo que pasará a lo largo de la historia. Podemos intuir que ambos personajes evolucionarán hacia una visión más flexible de la vida y de los demás:

—Recuerdo haberle oído decir en una ocasión que usted raramente perdonaba; que cuando había concebido un resentimiento, le era imposible aplacarlo. Supongo, por lo tanto, que será muy cauto en concebir resentimientos...

—Efectivamente —contestó Darcy con voz firme.

—¿Y no se deja cegar alguna vez por los prejuicios?

—Espero que no.

—Los que no cambian nunca de opinión deben cerciorarse bien antes de juzgar.

A pesar de la claridad mental que demuestra Elizabeth al considerar que una primera opinión puede basarse en prejuicios, será justamente ella quien caiga en esa trampa. Lizzy necesitará que Mr. Darcy demuestre en muchas ocasiones su bondad, generosidad y atención antes de derribar sus prejuicios y admitir que todas las impresiones que se había formado de Mr. Darcy eran erróneas y se debían a sus propios prejuicios y a su orgullo, haciendo honor al título de la novela.

En todas las obras de la autora se habla de las terribles consecuencias que tiene dejarse llevar por las opiniones de otros, por las primeras impresiones o por juicios rápidos y poco fundamentados.

En *Orgullo y prejuicio*, a causa de estas primeras impresiones, Elizabeth Bennet casi cae en manos de un seductor sin escrúpulos y, además, por no desenmascararlo ante su familia y su entorno, facilita que su hermana se rinda a sus pies.

La importancia de identificar los prejuicios

También como consecuencia de las falsas apariencias, en *Sentido y sensibilidad* Marianne Dashwood se enamora locamente de Mr. Willoughby, y casi muere de pena cuando él la abandona tras desvelar sus prioridades materiales.

En *Persuasión*, Anne Elliot casi pierde a su gran amor por hacer caso de las opiniones de otros.

En *Emma*, la protagonista lastima a sus amigos por sus prejuicios.

En *Lady Susan*, la protagonista casi logra sus propósitos manipuladores y egoístas gracias a su apariencia.

Y Fanny Price, en *Mansfield Park*, desestimará al encantador Henry Crawford por su falta de moralidad y seguirá fiel a sus sentimientos por Edmund Bertram, mucho más sobrio y prudente y a quien conoce desde la infancia.

Cuando permitimos que las personas se muestren tal como son, que la vida se desarrolle y que los hechos y las acciones hablen, es más probable que acertemos en nuestras valoraciones de los demás y de las situaciones, en lugar de dejarnos llevar por las primeras impresiones.

Es más, si nos dejamos llevar por las primeras impresiones, por la tendencia de nuestro cerebro de esquematizar la información, nos cerramos a la posibilidad de sorprendernos ante la vida.

A menudo, mis alumnos más jóvenes creen que pueden reconocer a un escritor o a un artista a primera vista. Cuando les pido que describan cómo se imaginan que es un escritor o escritora, hacen una caricatura del bohemio con ropa gastada pero buena, graciosamente desconjuntada y llamativa, con bufanda y boina. En resumen, creen que un escritor o escritora es el prototipo de persona seductora y egocéntrica que han visto en las películas.

Cuando me conocen y descubren que soy escritora, y se dan cuenta de que no voy con boina ni bufanda (a no ser que el frío lo exija), que no llevo conjuntos florales del siglo pasado, no bebo alcohol y hablo sobre temas tan poco seductores como mis hijos o la importancia de corregir los textos, de primeras se desilusionan. Sin embargo, luego sucede algo mejor: empiezan a pensar que tal vez ellos también puedan ser escritores.

¿Por qué le interesaba tanto este tema a Jane Austen? ¿Podría ser que, a pesar de su inteligencia, capacidades y talento, se sintiera poco valorada a causa de su posición social y su belleza moderada?

No podemos estar seguros de que sea eso. Lo que sí sabemos es que Jane Austen nos impulsa a repensar lo que opinamos de las personas, las situaciones y la vida.

Es precioso descubrir cómo una reflexión más profunda nos permite no solo superar las primeras impresiones sobre los demás, sino también las que tenemos sobre nosotros mismos.

El problema no es que mis alumnos tengan una idea errónea e idealizada de cómo es un escritor o escritora, sino que esta idea no les permite ver otras opciones de la vida. Tanto para ellos mismos como para los demás.

Cómo dar una primera impresión favorable

Afirmaba el presumido e iconoclasta Oscar Wilde que «nunca tendrás una segunda oportunidad para causar una buena primera impresión». Si esto es así, aunque Jane Austen nos recuerda la importancia de ir más allá de ese impacto superficial, no está de más que conozcamos qué aspectos determinan esa primera impresión.

Un estudio realizado con comerciales que se presentaban por vez primera ante los clientes llegó a las siguientes conclusiones:

1. *Apariencia física.* Supone nada menos que el 55 % de la primera impresión. Y no se refiere solo al cuerpo y el rostro de la persona, sino también a la manera en la que se peina y se viste. Una persona de aspecto descuidado transmite una serie de valores que la otra persona identificará como rasgos de su carácter.
2. *Acciones.* Lo que esta persona hace, su forma de interactuar, supone un 26 % de la primera impresión. En la Biblia se dice: «Por sus frutos los conoceréis», en referencia a los actos que hablan de nosotros.
3. *Intuición.* Aquí entran los prejuicios de los que hablaba Austen, muchas veces basados en experiencias previas del observador. Según con qué o quién identifiquemos a la persona, así será nuestra visión de ella. Esto supone el 12 % de la primera impresión.
4. *Palabras.* Lo que la persona dice y cómo lo dice

> sería un 7 % de la primera impresión. La forma de saludar, por ejemplo, cómo se rompe el hielo, formaría parte de ese impacto.

Este cálculo, que no deja de ser arbitrario, se realizó con relaciones entre vendedores y clientes. Sin embargo, sirve para ver qué fuentes de información confluyen para que nos formemos esa primera impresión.

En todo caso, quiero añadir otros factores que también tienen peso en ese fogonazo inicial:

- *Puntualidad.* Pocas cosas crean una peor mala impresión, en un primer encuentro, que llegar tarde. En una primera cita o en una entrevista de trabajo supone empezar la interacción con un punto muy negativo.
- *Capacidad de escucha.* Prestar atención a lo que dice el otro, sin interrumpirle, respetando los turnos y haciendo las preguntas correctas es otra forma de crear una buena impresión.
- *Lenguaje corporal.* Algunos estudios sostienen que la información que damos a través de nuestros gestos y movimientos es tanto o más importante que las palabras.

DOMINA EL LENGUAJE CORPORAL

Puedes practicar delante del espejo las claves que te daré en este ejercicio. Tanto si estás impartiendo una charla en el ámbito profesional como en un primer encuentro interpersonal de

otra clase, tu cuerpo está enviando mensajes todo el tiempo. Veamos cómo:

1. *Brazos abiertos.* Especialmente si se trata de un *speech* para un grupo, este gesto comunica que los acoges, mientras que los brazos cruzados significan que estás a la defensiva. Según los expertos, las manos en los bolsillos expresan desinterés en la conversación.
2. *Piernas paralelas.* Si estamos sentados frente a alguien, sin una mesa de por medio, se recomienda no cruzar las piernas, ya que transmite desconfianza.
3. *Asentir con la cabeza.* Aunque no hay que abusar de este gesto, cuando nuestro interlocutor está hablando le transmitimos que comprendemos y empatizamos con lo que dice. En cambio, una posición rígida de la cabeza, proyectando la barbilla hacia delante, expresa arrogancia.
4. *Variar el foco de la mirada.* A no ser que estéis a punto de besaros, fijar demasiado los ojos en los de tu interlocutor puede resultarle incómodo e incluso intimidante. Por otro lado, mirar a los lados o a cualquier otra parte podría transmitir desinterés. En un primer encuentro puedes fijar la mirada en la punta de la nariz del otro, en su frente o en el entrecejo, variando el punto de atención cada rato.
5. *Sonrisa natural.* Técnicamente, la más natural se denomina «sonrisa de Duchenne», y es aquella en la que creas arrugas en torno a los ojos mientras elevas las mejillas y tus cejas descienden ligeramente.

11
Las segundas oportunidades

Cuando hablamos de amor, a menudo pensamos en historias perfectas, sin fisuras ni dudas, con promesas que parecen destinadas a durar para siempre. Pero ¿qué ocurre cuando la perfección se quiebra? ¿Qué pasa cuando los planes fracasan y el corazón se extravía?

A veces es fruto de una decepción externa. Otras, el cambio de rumbo es de orden interno.

En *Come, reza, ama*, un libro que polariza opiniones, Elizabeth Gilbert cuenta cómo, tras darse cuenta de que ya no amaba a su marido, necesitó romper con todo y regalarse un año sabático para viajar.

En Italia se entrega a los placeres de la vista y la gastronomía —esta es la parte de *comer*—, mientras aprende un nuevo idioma. Tiene aún momentos depresivos, como si caminara por un abismo tras abandonar su vida anterior.

A la India le correspondería la parte de *rezar*, ya que la protagonista entra en un *ashram* con la idea de meditar y conocerse mejor a sí misma.

En Indonesia, más concretamente en Bali, es donde se permite *amar*.

Más allá de la sencillez de la historia, nos sirve para presentar el tema de este capítulo: la vida está llena de segundas oportunidades, y donde a veces pensamos que es el fin se encuentra justo un nuevo inicio.

Un acto de generosidad y humildad

Con su mirada lúcida y compasiva, Jane Austen nos invita a explorar el poder de las segundas oportunidades, un tema universal y profundamente humano que recorre toda su obra.

En *Sentido y sensibilidad* asistimos a una conversación sorprendente entre el coronel Brandon, que ama a Marianne Dashwood, y Elinor Dashwood, su hermana. A pesar de los sentimientos del coronel Brandon, claros para todo el mundo, Marianne se ha enamorado locamente de otro hombre y no concibe que pueda existir en la vida otro amor. Para ella, el amor solo puede ser uno y único, y siempre será ese.

> —Creo que su hermana no encuentra bien unos segundos amores.
>
> —No —replicó Elinor—, sostiene un criterio completamente romántico.
>
> —O cuando menos no cree posible que puedan existir.
>
> —Imagino que es así. Aunque no sé cómo no piensa en su propio padre, que tuvo dos esposas. Con algunos

> años más, no obstante, asentará sus opiniones sobre la base razonable del sentimiento común y la observación; y con ello podrá comprender y justificar con más facilidad muchas cosas que hoy podría ver todo el mundo menos ella.
>
> —Puede —replicó el coronel—, aunque sea como sea hay algo tan delicioso en los prejuicios de una cabecita joven, que uno se pone triste al ver que termina por pensar como los demás.

Como escritora, creo que una de las cosas más tentadoras que hay es confrontar a tus personajes con sus temores más arraigados. Solo así, al enfrentarse a estos miedos profundos, las personas pueden evolucionar.

En este hermoso diálogo, la autora nos plantea varias preguntas: ¿qué pasaría si Marianne sufriera una decepción amorosa?, ¿aceptaría un nuevo amor, una segunda oportunidad?

El amor respetuoso y verdadero del coronel Brandon nos anticipa que si Marianne pierde ese *primer* amor, con él perderá la fe absoluta en el ideal romántico. Se vendrá abajo y puede que esto la deje sin capacidad para recuperarse y volver a sentir con la misma profundidad. En cambio, su hermana Elinor comprende que, incluso bajo esas circunstancias, hay que ser capaz de madurar y amar basándose en hechos reales, no en ilusiones.

Al final, Marianne es rechazada por su objeto de amor idealizado y casi muere de pena por ello, como predecía el coronel Brandon. Sin embargo, tal y como suponía su hermana, se repone y madura gracias a la paciencia, la constancia y el amor franco del coronel Brandon.

Así pues, Marianne le dará otra oportunidad al amor y a la vida.

A veces entendemos el hecho de ofrecer una segunda oportunidad como un acto de debilidad, pero no es así. Dar una segunda oportunidad a una relación, a una amistad, a un trabajo, a un lugar o a la vida en general es un acto de inteligencia, generosidad y humildad. Y tanto la generosidad como la humildad son muestras de valor.

En la obra de Jane Austen esta concepción está claramente arraigada.

En *Orgullo y prejuicio*, Mr. Darcy le pide matrimonio a Elizabeth Bennet y ella lo rechaza. Sin embargo, después de muchos sucesos que les hacen evolucionar a ambos, él vuelve a declararse y ella lo acepta.

Mr. Darcy le da otra oportunidad a Elizabeth para que reevalúe su decisión, a riesgo de ser rechazado de nuevo. Y ella le da otra oportunidad a Mr. Darcy, reconociendo el error que cometió influida por sus propios prejuicios y orgullo.

También Mr. Collins, el clérigo y primo de la protagonista, tiene una segunda oportunidad después de ser rechazado por Elizabeth, y se casa con su amiga Charlotte Lucas.

La relación entre Jane Bennet y Mr. Bingley, gracias a la intervención de Mr. Darcy, también tiene una segunda oportunidad. Incluso al embaucador Mr. Wickham se le ofrece la oportunidad de volver a empezar y asentarse junto a Lydia Bennet, si es que eso es posible para alguien con su débil carácter y sus escasos valores.

Superar la decepción

En *Lady Susan*, la hija de la protagonista asume al final del libro que sabrá esperar con paciencia a que Reginald de Courcy se enamore de ella cuando se cure de la decepción provocada por su madre.

No obstante, *Persuasión* es la novela por excelencia sobre las segundas oportunidades. La joven Anne Elliot rechaza a su gran amor, Frederick Wentworth, siguiendo los consejos de una buena amiga de la familia, así como las consideraciones de su padre y su hermana. Con el tiempo entiende que, tal y como había intuido, su amor no fue un simple capricho de juventud, por lo que no volverá a permitir que nadie más que ella decida sobre su destino. Por suerte, la vida vuelve a poner en el mismo camino a los dos amantes y, a pesar del orgullo herido de uno y el dolor y la vergüenza de la otra, serán lo bastante valientes y generosos para dar alas a sus sentimientos e intentarlo de nuevo, esta vez desde la madurez.

Como ocurre con cualquier autora, aquello sobre lo que escribe Jane Austen de manera constante no es solo un recurso narrativo, sino un reflejo de sus propias preocupaciones y progresos.

Como revela la película *Jane Austen Regrets*, producida por la BBC, una de las preguntas que los expertos se han hecho más repetidamente sobre Jane Austen es: ¿se arrepintió alguna vez de no haberse casado? Una escritora cuyas protagonistas encuentran siempre el amor, ¿puede ser que lo echara de menos o que se arrepintiera de haberse resistido a dejarse llevar por la pasión?

Persuasión fue la última obra que terminó. De hecho, la escribió en los últimos años de su vida, ya enferma y con muchas limitaciones. Sin embargo, es una obra perfecta: es ligera pero profunda, reivindicativa y madura, esperanzadora, pero no idealista.

Anne Elliot se arrepiente de no haber seguido de joven los dictados de su corazón, pero no siente amargura por ello. Acepta su error y las consecuencias de este. No obstante, cuando, siendo más sabia y madura, se le presenta la oportunidad de retomar la relación, lo hace sin demora.

Seguramente, si la vida le hubiera dado a Jane Austen una segunda oportunidad de vivir el amor, la habría tomado sin dudar y sin pedir permiso.

La magia de volver a empezar

Para la escritora, las segundas oportunidades implican la capacidad de aceptar los errores y los obstáculos, aprender de ellos y abrirse de nuevo al futuro sin rencor. Y este proceso era deseable, pues se lo deseó a todas sus heroínas con el fin de que aprendiesen a ser felices.

Austen nos recuerda así que los errores, las decepciones y los fracasos no nos definen; lo que realmente importa es cómo respondemos a ellos, cómo nos reconstruimos y cómo seguimos adelante. Este mensaje atraviesa sus novelas, dotándolas de una humanidad que las hace eternas.

Quizá por eso sus historias siguen resonando en la actualidad. En un mundo que sobrevalora la perfección por encima del proceso y no tolera el error, Jane Austen nos invita a mirar nuestras vidas con más amabilidad, a aceptar que no somos perfectos, que nadie lo es y que, por consiguiente, tampoco lo es ninguna relación.

De este modo, nos brinda una lección sencilla pero transformadora: *atreverse a intentarlo de nuevo es un acto supremo de amor*, no solo hacia los demás, sino hacia nosotros mismos.

Es más, las segundas oportunidades nos brindan la posibilidad de evolucionar, de ser mejores para nosotros mismos y para quienes nos rodean. Gracias a este acto de valentía, al igual que sus personajes, cuando nos permitimos un nuevo comienzo podemos encontrar nuevas formas de amar, amistades y un propósito más elevado.

Amar al segundo (o tercer) intento

En *Amor al segundo intento*, uno de sus libros más comentados sobre el mundo de la pareja, el psicólogo Antoni Bolinches se alinea con el pensamiento de Austen en el sentido de que fracasar no nos inhabilita para el amor; al contrario, nos da la oportunidad de ser mejores. En sus propias palabras:

> *La felicidad de la pareja tiene tres grandes secretos: aprender a elegir, aprender a construir y aprender a corregir.*

Como para las heroínas del amor que estamos conociendo a lo largo de este libro, nuestra suerte en el terreno sentimental depende de nuestra capacidad de aprender y madurar. Y, en ese proceso, reconocer nuestros propios errores, como hace Anne Elliot, nos llevará mucho más lejos que señalar las equivocaciones de los demás.

Antoni Bolinches reflexiona así sobre el tema de este capítulo:

> En la vida, la mayoría de los aciertos son consecuencia de rectificaciones, y la pareja no es una excepción a esa regla experiencial. Las personas aprendemos porque rectificamos y nos hacemos sabias a medida que corregimos nuestros comportamientos y asimilamos nuestros fracasos. Pero para que ese aprendizaje se produzca no es suficiente con sufrir y rectificar, sino que debemos sufrir de cierta manera y corregir nuestro comportamiento en una determinada dirección.
>
> La persona no aprende porque sufre, sino que aprende en función de la manera en que sufre. Para aprender del sufrimiento, hemos de saber analizar las causas que lo provocan y extraer de él la lección que permita una mejor respuesta futura a situaciones parecidas a las que no hemos podido resolver en el presente.

Los tres niveles de la reconstrucción

¿Qué sucede cuando el amor que hay que recuperar es el que te debes a ti misma? Hay personas que caen en la depresión o la apatía porque están totalmente desconectadas de sus prioridades y deseos. Quizá llevan tanto tiempo viviendo para los demás, siempre pendientes de cumplir sus expectativas, que ya no se encuentran.

En el documental *Stutz*, donde el célebre psiquiatra de las estrellas de Hollywood Phil Stutz es entrevistado por uno de sus pacientes, este terapeuta entrañable explica que todo proceso de reconstrucción personal es como ascender por una pirámide que él llama «fuerza vital». Consta de tres niveles:

1. *Tu cuerpo.* Para sentirte nuevamente con vida y afrontar los desafíos de la existencia debes vencer la inercia depresiva y cuidar de tu organismo. Mover tu cuerpo, alimentarte de manera sana y dormir las horas suficientes resolverán gran parte del problema.
2. *Tus relaciones con los demás.* La persona herida o decepcionada con la vida tiende a encerrarse en su cueva, a aislarse, pero lo que necesita hacer es justo lo contrario. Como Elizabeth Gilbert en *Come, reza, ama*, es al interactuar de forma saludable con otras personas cuando empezamos a sanar.
3. *Tu relación contigo.* Para trabajar en tu autoestima y tus aspiraciones necesitas conocerte mejor. Cuando te hagas amiga de ti misma, entonces te resultará mucho más fácil saber lo que quieres y en quién deseas convertirte. El ejercicio que sigue te servirá para eso.

TUS PÁGINAS MATUTINAS

En su célebre manual *El camino del artista*, Julia Cameron recomienda como ejercicio principal empezar el día escribiendo tres páginas personales sin que intervenga la intención ni la razón.

Equivale a abrir un grifo creativo que luego seguirá fluyendo el resto de la jornada.

El procedimiento es fácil:

1. *Siéntate cada mañana, nada más levantarte, delante de unos folios o una libreta.*
2. *La escritura ha de ser a mano, con lápiz, bolígrafo o estilográfica.*
3. *No pienses, vuelca en el papel todo lo que se te pase por la cabeza.*
4. *Cuando hayas completado las tres páginas, cierra tu libreta o guarda las hojas.*

Este ejercicio de *journaling*, como se llama ahora, te ayudará a desahogarte, a saber lo que piensas sobre los diferentes frentes de tu vida y, sobre todo, despertará la creatividad dormida dentro de ti.

¡Muy feliz escritura!

12
Los cambios son para bien

«Cada vez me avengo mejor a la idea del traslado», escribía Jane Austen a su hermana Cassandra en enero de 1801, mientras empaquetaban las pocas cosas que podían llevarse de su casa familiar de Steventon. Con todo, su tono optimista apenas disimulaba la melancolía de dejar atrás el lugar donde había crecido y encontrado la inspiración para tantas de sus historias. Sin embargo, esta partida, que en su momento le pareció una pérdida irremediable, acabaría siendo un catalizador para su crecimiento personal y creativo.

En la obra de Austen, como en su vida, los cambios inesperados no solo son inevitables, sino que suelen ser el comienzo de algo maravilloso. Hay una esperanza inherente en sus novelas que nos impulsa a seguir leyendo, una voz detrás de las desgracias que nos dice que, aunque duelan, los cambios siempre son para bien. Y esto es un modo de ver la vida: puedes quedarte llorando por aquello que perdiste o puedes abrazar lo nuevo que llega.

Los regalos del cambio

En diciembre de 1800, Jane Austen vivió una gran decepción al saber que su padre, el reverendo Austen, cedía la casa de Steventon a su hermano mayor, James. Esto significaba que Jane y Cassandra tendrían que marcharse con sus padres, quienes habían decidido trasladarse a Bath. Jane se quedaba sin la paz y la seguridad de su casa, sin tener un hogar estable en realidad. Además, no le gustaba el ambiente superficial y pretencioso de la ciudad. Según su sobrina Anna Lefroy,[29] Jane se sentía profundamente infeliz. No solo renunciaba a su hogar para cedérselo a su hermano y su creciente familia, sino que se vería obligada a vender la mayor parte de sus posesiones, incluidos su cama y sus libros, porque no podía llevárselas consigo.

En sus cartas de los días previos al traslado, Jane expresa todo su pesar a su hermana Cassandra:

> *3 de enero de 1801*
>
> El día de la partida se acerca rápidamente. Dejar este querido lugar será una pena profunda; cada árbol y cada arbusto son queridos para mí.
>
> *8 de enero de 1801*
>
> Empacamos nuestras pertenencias, pero mi corazón se resiste a dejar Steventon. La rectoría ha sido el escenario de tantas alegrías y tristezas compartidas.

---

[29] J. E. Austen Leigh, *Recuerdos de Jane Austen*, Barcelona, Alba, 2012.

14 de enero de 1801

Mañana partimos hacia Bath. Aunque intento mantener el ánimo, no puedo evitar sentir una profunda melancolía al abandonar nuestro querido hogar.

Muchos años después, Jane trasladó este sentimiento de pérdida y desarraigo a *Persuasión*. Al principio de la novela, Anne Elliot debe trasladarse a Bath con su familia y dejar atrás su vida en el campo y la casa de su infancia. Uno de los aspectos más amargos de estas circunstancias es que en ningún momento le consultan a Anne sobre esta cuestión tan importante. Su padre ha decidido y ella no puede opinar nada al respecto.

Esto mismo les sucedió a Jane y a Cassandra: no tuvieron voz ni voto sobre la decisión, pues ya estaba tomada.

La pérdida para Anne Elliot, el disgusto de no sentirse parte de la familia en la toma de decisiones y la perspectiva de su vida en Bath serán un reflejo de la experiencia vivida por la autora.

No obstante, en la novela es justamente el hecho de que su padre decida alquilar su casa para irse a Bath lo que provocará el reencuentro de Anne con su antiguo amor, el capitán Frederick Wentworth, puesto que su hermana con su marido serán quienes alquilen su casa.

También en *Sentido y sensibilidad* asistimos a la marcha forzada de las hermanas Dashwood junto con su madre por culpa de las normas que hacían único heredero al hijo mayor del primer matrimonio. Marianne Dashwood vive intensamente la añoranza del hogar, Nordland en este caso, y lo describe así en este bello fragmento:

> Muchas fueron las lágrimas al decir adiós a aquel lugar tan querido: «¡Nordland, Nordland, cuánto afecto te tengo! —se decía Marianne, paseando ante la casa la última tarde que pasaron allí—. ¿Cuándo dejaré de añorarte, cuándo llegaré a sentirme en casa en otro hogar? ¡Oh hogar feliz, si pudieses saber cuánto sufro despidiéndome de ti desde este lugar, desde el cual quizá jamás volveré a verte! Y vosotros, árboles amigos, seguiréis siendo igual como sois. ¡Ni una hoja se os marchitará porque nosotras marcharemos! ¡Seguiréis siendo tal como sois, inconscientes del placer o la pena que causáis, insensibles a cualquier cambio de los que discurren bajo vuestras frondas! Pero ¿quién quedará para disfrutar de vosotros?».

Sin embargo, no se imaginan que el nuevo lugar al que se trasladan les traerá otras relaciones y momentos de plenitud. También deberán vivir más modestamente, sufrirán pérdidas y no se les pasará del todo el resentimiento por la injusticia y la añoranza. No obstante, la fortuna les depara aventuras de las cuales sacarán un maravilloso aprendizaje.

Cuando Fanny Price debe dejar Portsmouth para ir a vivir a Mansfield Park, al principio se siente fuera de sitio allí, lejos de sus hermanos y hermanas. Pero con el tiempo apreciará todas las cosas buenas que la nueva situación, aunque dura, le ha aportado: desde una mejor educación, cultura o alimentación, hasta las relaciones con sus primos y, sobre todo, con Edmund.

El cambio es doloroso, pero muchas veces es para bien.

Jane Austen también lo verá de este modo. Como describe la perspicaz Lucy Worsley, presentadora de la BBC,

Jane Austen enseguida se adaptó y abrazó las cosas nuevas y positivas que tenía ante sí:

> Jane empezó a ver el traslado con mejores ojos de lo que su orgullo le permitía reconocer ante sus amigos y parientes tras su primera reacción, tan negativa. «Cada vez me avengo mejor a la idea del traslado —le admitió a Cassandra antes de abandonar Hampshire—. Ya llevamos el tiempo suficiente en este vecindario». «Además —escribió Jane—, hay algo interesante en el bullicio previo a la partida. [...] prefiero que nadie sepa que no me estoy sacrificando al despedirme del campo, o de lo contrario no inspiraré compasión ni interés en aquellos que dejamos atrás».

Otro mundo, otra realidad

Seguramente, Jane no fue tan feliz en Bath como lo había sido en Steventon, pero su mente abierta le permitió entregarse a la experiencia y extrajo sus propias conclusiones. No sabemos si *Persuasión* hubiese existido tal y como la leemos hoy, o si Jane Austen habría visitado el mar de modo tan continuado como en los años que vivió en Bath y se refugiaba en la costa en verano. Además, en la costa fue donde conoció al que se supone que fue uno de sus amores.

En cualquier caso, lo que sí sabemos es que algunas de las historias de Jane Austen empiezan con un traslado forzoso (*Sentido y sensibilidad*, *Mansfield Park*, *Persuasión*), y es precisamente esta pérdida del entorno lo que provoca nuevas relaciones, un crecimiento por parte de las protagonistas y su felicidad final. La fe en el cambio siempre está presente.

Con ello, Jane Austen nos recuerda que la vida está llena de giros inesperados y que, justo en esos giros, como en las mejores novelas, reside la magia de lo inesperado.

Ella no solo vivió los cambios, sino que los convirtió en el núcleo de sus historias más memorables. Cada traslado, cada pérdida, cada nuevo comienzo que experimentó en su vida personal se tradujo en historias que resuenan profundamente en los lectores porque reflejan una verdad universal: *la vida siempre está en movimiento, y adaptarse a ese movimiento es la clave para encontrar nuestra fuerza interior.*

En *Persuasión*, Anne Elliot no solo recupera a su amor perdido, sino también la confianza en su propia capacidad para decidir su destino.

En *Sentido y sensibilidad*, Marianne Dashwood aprende que la vida no se trata solo de sueños románticos, sino también de resiliencia y crecimiento.

Lo que hace que las novelas de Austen sean eternas no es solo su aguda observación de la sociedad, sino su fe en el potencial humano para sobreponerse a la adversidad. Los cambios que al principio parecen desoladores —la partida de un hogar querido, la pérdida de un amor idealizado, la necesidad de adaptarse a nuevas circunstancias— se transforman en oportunidades para descubrir otras facetas de uno mismo, explorar nuevas relaciones y alcanzar una felicidad más madura y completa.

Al final, Austen nos deja un mensaje que trasciende su época: *aunque el cambio puede parecer amenazador, nos abre las puertas a posibilidades que nunca habríamos imaginado.*

En sus novelas, como en la vida, los giros inesperados son los que escriben las historias más inolvidables. Nos invita, así, a enfrentar lo desconocido con valentía, porque detrás de cada final hay un nuevo comienzo esperando para ser escrito.

Repito aquí la frase con la que abrí el libro, extraída de *Persuasión*:

> *Ninguno de nosotros quiere estar en aguas tranquilas durante toda su vida.*

Siete *cold facts*[30] sobre el cambio

¿Qué sería de nosotros sin el cambio? Imagina una vida lineal, en la que no te vieras expuesta a ningún desafío o revolución. ¡Correrías el riesgo de morir de aburrimiento!

Sea por elección o por obligación, necesitamos el cambio. El escritor H. G. Wells lo explicaba de este modo:

> Debemos esforzarnos por aceptar el cambio y los desafíos, porque son lo que nos ayuda a crecer. Sin ellos, nos debilitamos en la comodidad y la seguridad. Necesitamos desafiarnos constantemente para fortalecer nuestro carácter y aumentar nuestra inteligencia.

Vaya que sí. Con todo, hay personas que tienen verdadero pánico al cambio. Y es comprensible, puesto que nues-

[30] Del inglés, significa «la cruda realidad».

tro instinto de supervivencia hace que siempre busquemos la seguridad, el mundo conocido, lo predecible.

Sin embargo, la novedad, el crecimiento y los regalos del destino están más allá de nuestra «zona de confort», como lo llama la psicología.

La filósofa y escritora Ayn Rand lo definía así:

Libertad:
No pedir nada.
No esperar nada.
No depender de nada.

Si somos capaces de asumir eso, fluiremos con el cambio de manera semejante a peces felices que aceptan que, como decía Heráclito, nadie se baña dos veces en el mismo río.

En el caso de que seas reticente a esta característica de la realidad, te ofrezco algunos *cold facts* para que trabes amistad con las mutaciones:

1. Cuando asumes que el mundo es siempre cambiante, desde ese momento la vida te resulta más fácil.
2. No puedes oponerte a la ola del cambio, pero puedes surfear sobre ella (y hasta puede ser divertido).
3. También tú estás cambiando todo el tiempo, aunque no te des cuenta.
4. A menos resistencia, más disfrute. Como decía el psiquiatra y psicólogo C. G. Jung: «Lo que resistes, persiste. Lo que aceptas, te transforma».
5. Con cada cambio pierdes una cosa, pero ganas otra.
6. No es posible avanzar sin «soltar lastre».

7. Puedes ser protagonista del cambio, en lugar de objeto pasivo del mismo.

¿QUÉ ES LO PEOR QUE PODRÍA PASAR?

Muchas personas temen el cambio porque lo abordan con una mirada catastrofista. En lugar de enfocarse hacia nuevas posibilidades, se están temiendo lo peor todo el tiempo.

Si eres así, hay una técnica que en inglés se llama *worst case scenario* que te puede ser de utilidad.

1. *Visualiza aquello que más temes:*

   ....

2. *¿Qué es lo peor que podría pasar?*

   ....

3. *¿Cómo quedarías tú en esta situación?*

   ....

4. *¿Qué harías a partir de que haya sucedido «lo peor que puede pasar»?*

   ....

Este ejercicio te permite darte cuenta de que, incluso en el peor de los escenarios posibles, seguirías adelante, reinventando tu vida tras el «borrón y cuenta nueva».

Otra ventaja de este ejercicio es que en la realidad muy raramente vivirás el peor escenario posible, por lo que, una vez aceptada esta posibilidad, cualquier cosa menor que acontezca la verás como una bendición.

13
Seguir tu propio camino

En *Siddhartha*, de Hermann Hesse, hay un momento muy emotivo en el que el protagonista, tras haber conocido por fin al Buda, le dice acerca de la iluminación a la que tanto ha aspirado:

> A ti te llegó con tu propia búsqueda, con tu propio camino, a través del pensamiento, la meditación, el conocimiento, la inspiración. ¡No te llegó a través de una enseñanza de otro!

Sin duda, resulta más fácil emular y seguir el camino de otros que encontrar el tuyo propio.

Muchas veces, el miedo a no encajar, a que no nos amen, a no hacer aquello que los demás esperan de nosotros, como un precio a pagar por tener éxito social o económico, nos puede doblegar la voluntad.

Es duro ser tú misma. Tu identidad y tus valores se ven vulnerados por tu necesidad de aceptación, seguridad o amor. Ese es el gran escollo que deberás vencer para alcanzar la autenticidad.

Se trata de un impulso natural en el ser humano y, de hecho, permite que sea posible vivir en sociedad. A su vez, puede hacer que nos perdamos en las expectativas de los otros. Peor aún: en lo que pensamos que los otros esperan o quieren de nosotros.

Esta necesidad de aceptación no varía por muy guapos, ricos o exitosos que seamos. El temor a quedarnos solos, un miedo necesario para nuestra supervivencia, siempre está latente.

Es bueno que nos adaptemos a los deseos de los demás en circunstancias menores. Otras veces serán los demás quienes se adapten a nosotros. Sin embargo, es importante no ceder en aquello que es fundamental para nosotros: no podemos renunciar a nuestras prioridades ni a los valores esenciales de nuestra vida.

Una petición real

Jane Austen lo sabía bien y, aunque a veces se intuye en sus cartas y en sus libros que era consciente de su testarudez, esa marcada identidad que ella supo proteger fue la que le permitió ser fiel a ella misma.

Cuando alcanzó reconocimiento social por su obra, se desveló que uno de sus grandes admiradores era el príncipe regente, el futuro Jorge IV. A través de su bibliotecario, James Stanier Clarke, se le hizo llegar la sugerencia de que le dedicara su última novela, que sería *Emma*. Así queda manifiesto en una carta del señor Stanier Clarke a Jane Austen, el 16 de noviembre de 1815:

> Es el deseo particular de Su Alteza Real que la próxima novela de la señorita Austen sea dedicada a él. Su Alteza Real solo desea señalar que la admira enormemente.

Aunque Jane Austen desaprobaba la vida disoluta y la falta de valores del príncipe regente, tuvo que aceptar el honor que suponía la petición.

Eso sí, tanto su respuesta como la dedicatoria emanan cierta ironía.

No obstante, cuando este primer gesto propició que el bibliotecario insinuara a Jane Austen qué temas debía tratar en su siguiente obra, ella no dudó en ser categórica:

> Es usted muy, muy amable al sugerirme el tipo de composición que podría recomendarme en este momento, y soy plenamente consciente de que una novela histórica basada en la Casa de Sajonia-Coburgo podría ser mucho más rentable o popular que las imágenes de la vida doméstica en pueblos rurales con las que suelo trabajar; pero no podría escribir una novela romántica más de lo que podría escribir un poema épico. No podría sentarme a escribir una novela romántica seria bajo ningún otro motivo que no fuera salvar mi vida; y si fuera indispensable mantener la seriedad y nunca relajarme para reírme de mí misma o de los demás, estoy segura de que me ahorcarían antes de terminar el primer capítulo.

Una respuesta contundente para el bibliotecario del príncipe regente, que dice mucho sobre el carácter de Jane y su innegociable fidelidad hacia ella misma.

Aunque Jane Austen disfrutó del éxito como autora, su camino no estuvo exento de sacrificios. Su negativa a aceptar sugerencias externas, como las del bibliotecario del príncipe regente, no solo fue un acto de independencia creativa, sino también una declaración de que la integridad personal estaba por encima de la fama o del beneficio económico.

En una época en la que las mujeres se enfrentaban a limitaciones severas para expresar sus ideas, Austen tuvo la valentía de ser fiel a su visión, mostrando que la verdadera grandeza no reside en seguir las reglas impuestas, sino en desafiarlas con inteligencia y gracia. Este compromiso con sus ideales la convierte en un modelo a seguir para sus lectores.

Del mismo modo, las heroínas de sus novelas son coherentes con ellas mismas y sus valores. Esta integridad es precisamente lo que las hace heroicas.

Elizabeth Bennet de *Orgullo y prejuicio* rechaza la propuesta matrimonial de Mr. Collins, su primo, aunque su familia la presiona para que acepte porque sería una salida muy ventajosa para ella. Pero Elizabeth no ama a Mr. Collins; de hecho, siente un desprecio profundo por su egocentrismo, su falta de empatía y su constante pleitesía a lady Catherine (su benefactora) y a cualquier persona pudiente.

Su respuesta a Mr. Collins no deja espacio para la diplomacia o la duda:

> Usted no podría hacerme feliz, y estoy convencida de que yo soy la última mujer del mundo que le haría feliz a usted.

Gracias a esta negativa, Elizabeth Bennet podrá finalmente casarse por amor. Su elección será un hombre más educado, rico y con valores más sólidos.

El coraje de la integridad

En cada una de sus novelas, Jane Austen retrata mujeres que se enfrentan a decisiones difíciles, pero que eligen permanecer fieles a sus principios. Esta lealtad no solo las beneficia a ellas, sino que también transforma a quienes las rodean.

Marianne Dashwood de *Sentido y sensibilidad* es una persona con un marcado concepto de la honestidad y la lealtad hacia sus propios sentimientos y opiniones.

> Soy demasiado honesta para hacer lo que está bien solo porque es correcto. Nunca me someteré a actuar contra mi propio corazón.

Aunque con el tiempo Marianne entenderá la importancia de la prudencia, la sensatez y la moderación, siempre seguirá sus propios sentimientos y no se doblegará a las expectativas sociales. Este hecho enseña a su hermana y a toda su familia y amigos la importancia de vivir con pasión y sinceridad.

Fanny Price de *Mansfield Park* también renunciará al

seductor Henry Crawford, pese a sus limitadas posibilidades de encontrar un marido por su falta de dote y pese a la presión de su tío. Lo rechazará y justificará su decisión con las siguientes palabras:

> No puedo consentir en casarme con él. Me resultaría miserable. Me avergonzaría saber que él no es realmente lo que debería ser.

Fanny no ama a Henry Crawford, pero lo rechaza sobre todo porque ve en él una falta de valores y de moralidad. El hecho de rechazar a Crawford, en contra de la opinión de la familia, que lo considera una locura, hará que a su debido tiempo Edmund Bertram, el gran amor de Fanny, se dé cuenta de su fuerza interior.

Fanny Price revela con este acto su fortaleza moral y hace de espejo para el resto de los miembros de la familia. Esto provoca una transformación emocional en Edmund, quien finalmente entiende que está enamorado de Fanny y le declara su amor.

Así pues, seguir los propios valores y prioridades, la verdad personal por encima de las normas sociales, es lo que hace que las heroínas de Jane Austen logren el amor y el respeto de los demás.

Algunos de sus personajes secundarios, en cambio, sucumben a la presión social. Es el caso, por ejemplo, de Charlotte Lucas, quien aceptará a Mr. Collins, tras el rechazo de Elizabeth Bennet, para satisfacer a su familia. La renuncia a los propios valores de estos personajes hace que la valentía de las protagonistas sea aún mayor.

Aunque las novelas de Jane Austen se desarrollan en un contexto muy diferente del actual, sus enseñanzas son universales y atemporales. En nuestro mundo lleno de presiones sociales y expectativas externas, las heroínas de Austen siguen siendo un recordatorio de que la autenticidad y la fortaleza interior son las claves para alcanzar una vida plena.

Su obra nos invita a reflexionar: ¿cuántas veces cedemos a las normas o las expectativas externas a costa de nuestra propia felicidad?

Al igual que Elizabeth, Marianne o Fanny, quizá nuestra mayor victoria sea aprender a decir «No» cuando algo amenaza nuestra esencia. Austen, con su aguda ironía y su sensibilidad, nos enseña que, al final, la recompensa por ser auténticos y coherentes es más grande que cualquier beneficio inmediato.

Hay algo que Jane Austen tenía muy claro y que demasiadas veces olvidamos: *siempre tenemos derecho a elegir*.

¿Quién manda aquí?

Hace tiempo me contaron esta anécdota acerca de un editor de Barcelona. Había fundado su editorial hacía poco, y necesitaba combinar sus propios títulos con algunos libros pagados. Es decir, había personas adineradas que publicaban en su sello su obra, debidamente corregida y editada, pagando una suma por ello.

Uno de estos clientes poderosos se presentó una mañana en la editorial para llegar a un acuerdo con el editor sobre una obra dedicada a la empresa que dirigía. Suponía una interesante inyección económica para aquella editorial en ciernes, pero la actitud del visitante desagradó al editor.

Tras pedirle a la visita que aguardara un par de minutos a que terminara de contestar un e-mail, el visitante tuvo la soberbia y el descaro de pasar detrás de la mesa para mirar qué escribía el editor.

Soliviantado por esta actitud, nuestro hombre dejó de escribir y, poniéndose de pie, le dijo al visitante:

—¡Fuera de mi casa! En mi pobreza mando yo.

Es una respuesta memorable que nos recuerda que a veces te tienes que plantar.

También las *celebrities*, incluso aquellas que el público general piensa que se mueven solo por dinero, hay momentos en los que han de mostrar la firmeza de Elizabeth Bennet para proteger su carrera y su integridad.

Veamos tres casos del mundo de la música pop.

En 2012, Lady Gaga rechazó una oferta de un millón de dólares por una breve actuación en el congreso del Partido Republicano porque su ideario chocaba con sus principios.

Mucho más suculenta fue la oferta que recibió ABBA, en el año 2000, por una gira de reencuentro treinta años después de su disolución. Les daban nada menos que mil millones de dólares. Lo rechazaron porque la gira hubiera supuesto mucho tiempo de estrés y preferían seguir con sus tranquilas existencias.

También los Beatles recibieron una oferta de cincuenta millones de dólares por dar un único concierto en 1976, dos años después de haberse separado. La respuesta fue «No», y argumentaron que, si algún día se reunían, no sería por dinero. Cuatro años después, con el asesinato de Lennon, esa posibilidad quedó descartada para siempre.

De todo esto, como en las novelas de Jane Austen, podemos extraer dos lecciones:

1. En caso de duda, recuerda que quien manda sobre tu vida y tu tiempo eres tú.
2. A veces hay que dar un «No» a los demás para poder darte el «Sí» que necesita tu vida.

El ejercicio con el que cerramos te ayudará en ese sentido.

CÓMO NO HACER LO QUE NO QUIERES HACER

Muchas veces te pedirán cosas que no estás segura de querer hacer y que, en todo caso, te crean malestar, pero no quieres ofender a la persona que acude a ti. Cuando te encuentres en una situación de este tipo, hazte las siguientes preguntas:

1. ***¿Tiene sentido para mí hacer lo que me están pidiendo? ¿Me aporta algo valioso acceder?***

   ....

   ....

2. ***¿Cuánto tiempo total (sé objetivo con el cálculo de horas o días) requerirá de mí? ¿Deseo honestamente entregar ese tiempo de mi vida a esta persona y esta tarea?***

   ....

   ....

3. *¿Soy yo la persona necesaria para eso, o me están pidiendo algo que le correspondería hacer a otro?*

   ....

   ....

En caso de que este análisis te lleve a una negativa, puedes dulcificarla con el «No, pero...». Es decir, rechazas la petición, pero das a la persona otras opciones, con lo cual muestras interés por su problema.

Un par de ejemplos:

1. *No puedo prestarte ese dinero, pero he oído que en el banco X están ofreciendo créditos con buenas condiciones. Yo de ti iría a informarme.*
2. *No dispongo de tiempo para leer tu manuscrito, pero te doy el contacto de este lector profesional, que te hará un presupuesto para hacerte un buen informe de lectura.*

14
El arte de sostener el propio corazón

Todos acumulamos penas y heridas, pasamos por épocas difíciles, por momentos de angustia o dolor. Buda decía: «El dolor es inevitable, el sufrimiento es opcional». Y ese dolor siempre estará ahí, lo que cambia es nuestro modo de asimilarlo.

Jane Austen vivió a caballo entre el siglo XVIII y el XIX. Aunque faltaba poco, aún no había llegado el romanticismo. No se había dado rienda suelta a los sentimientos ni a su expresión hasta las últimas consecuencias. Y aunque a veces se etiqueta a la autora como victoriana, la época de las restricciones sociales quedaba lejos.

La reina Victoria no había ascendido al trono ni habían nacido algunas de las escritoras más destacadas de esa época, como las hermanas Brontë o George Eliot (Mary Anne Evans). No, en los tiempos de Jane Austen, a pesar de las normas sociales que regían y limitaban a las mujeres, aún existía un espacio para la razón y también para la emoción.

Fortaleza emocional

Aun teniendo una profunda sensibilidad y la necesidad de expresarla, Jane Austen valoraba y abanderaba una revolución feminista que, con más o menos determinación, quería dejar atrás la imagen de la mujer necesitada de consuelo y carente de entereza emocional.

En *Vindicación de los derechos de la mujer* (1792), Mary Wollstonecraft afirmaba que las mujeres de entonces eran educadas para ser excesivamente emocionales y dependientes, lo que perpetuaba la idea de su inferioridad. Así, la sociedad fomentaba una sensibilidad exagerada en las mujeres, haciéndolas esclavas de sus emociones y debilitando su razonamiento. Para Wollstonecraft, esta dependencia emocional reforzaba los estereotipos que presentan a las mujeres como seres irracionales e incapaces de autonomía:

> La fortaleza de la mente no se mide por las lágrimas que derramamos, sino por nuestra capacidad de actuar con virtud y juicio.

De algún modo, entendía que las mujeres debían aprender a sostener sus propias emociones, y que la razón y la educación eran lo único que podía ayudar en este sentido.

Este es un tema que Jane Austen explora en todas sus novelas. Los personajes de sus historias crecen cuando son capaces de expresar con valentía sus sentimientos y, a la vez, no se dejan llevar completamente por ellos.

Temperar el corazón

Sentido y sensibilidad es la novela en la que esta exploración sobre la importancia de sostener las emociones de modo saludable es más evidente. Por un lado, tenemos a Marianne Dashwood, una mujer extremadamente sensible que se deja llevar por sus emociones. Marianne no quiere renunciar a sus sentimientos ni mitigar la expresión de estos.

> Marianne no intentó reprimir sus lágrimas. No podía, ni quería. Se entregó por completo a la aflicción, llorando amargamente durante horas.

La imagen es, sin duda, romántica. Aunque parezca extraño, el dolor es un sentimiento profundo y abandonarse a él hace que aumente la adrenalina en nuestro cuerpo. De algún modo, es como sentir que la vida es más intensa.

Jane Austen describe con gran sensibilidad el modo de mirar la vida de Marianne, la alta capacidad sensorial que tiene y su forma de expresarla con total libertad, sin restricciones respecto a las personas que la rodean.

Sin embargo, y aunque contradice la imagen idealizada del enamorado que sufre profundamente, Marianne solo se hace daño a sí misma y es egoísta con los demás.

Al final, después de sufrir un desengaño que la hace enfermar y de mucho dolor, logra entenderlo:

> Mi enfermedad, ahora lo veo claro, fue enteramente provocada por mí misma, por la sistemática negligencia respecto a mi salud, actitud que aun entonces me parecía a

> veces un error. Si hubiese muerto habría sido una autodestrucción. No tuve conciencia del peligro hasta que había pasado; pero con el sentir que surgió de estas reflexiones, me maravillé de haberme repuesto: me maravillé de que mi exaltación, mi deseo de vivir y de tener tiempo de expiar ante Dios y ante vosotros mis errores no me matase sin tardanza. [...] Tú que has visto todo el egoísmo de mis últimos tiempos [...] creyendo que el dolor solo existía para mí, solo compadeciendo el corazón de aquel hombre que me había abandonado y traicionado, a quien profesaba un afecto sin límites, y dejando que tú fueses desgraciada por causa mía.

Elinor, la hermana de Marianne, sustenta las emociones de toda la familia y facilita todas las cuestiones prácticas. Ella es quien gestiona las finanzas tras el fallecimiento del padre, la que pone límites a la madre y modera sus gastos para que no vivan por encima de sus posibilidades. También es el mayor apoyo para ella y para Marianne. Por eso, para lograr mantener la templanza necesaria, reprime sus propias emociones tras escuchar las palabras de Marianne.

> Elinor, al ver el sufrimiento de su hermana, se sintió obligada a contener sus propios sentimientos y a mostrar una serenidad que no sentía. Aunque su corazón estaba oprimido por la tristeza, se esforzó por mantener una apariencia tranquila y ser el apoyo que su familia necesitaba.

Esta contención emocional no es buena; debería haber buscado un espacio para confiar en su hermana y poder desahogarse. Sin embargo, lo que siente Elinor es que ni su hermana ni su madre tienen la capacidad de sostenerla a ella si lo necesita. Así pues, busca modos de sostenerse ella misma.

Vemos, por ejemplo, cómo reacciona ante la marcha de Edward, su amado:

> [...] dejándolas con el corazón acongojado, especialmente a Elinor, que se sintió muy triste. Pero su enérgica decisión de resistir, de mantener la serenidad, la guardó de mostrarse más consternada que su familia ante la despedida del joven; no quiso aplicar el método utilizado por Marianne en momentos parecidos, quien procuraba acrecentar y prolongar su pena por medio del aislamiento, el silencio y el desánimo. Los medios de Elinor fueron tan diferentes como sus fines, perfectamente adecuados aquellos a estos.
>
> En cuanto el joven se hubo marchado, Elinor se sentó a su mesa de dibujo. Trabajó durante todo el día más de lo que tenía por costumbre y no evitaba la mención del nombre del muchacho. Parecía interesarse más que nunca en los asuntos de la casa; y con tal proceder no solamente logró disminuir su propia pena, sino que ahorró a su madre y su hermana tener que preocuparse de ella y consolarla.
>
> [...] Desde luego había muchos momentos en que, si no por la ausencia de la madre y las hermanas, por la naturaleza de sus ocupaciones, no se suscitaba la conversación y sus efectos eran muy semejantes a los de la soledad. Entonces la imaginación de Elinor se sentía en libertad, sus pensamientos vagaban, y el pasado y el futuro, en relación con los sentimientos que la embargaban, acudían a su men-

te, la dominaban, nutrían su memoria, sus reflexiones y sus fantasías.

En este pasaje Jane Austen nos da una receta perfecta para saber vivir y aceptar las emociones sin que ellas te dominen o te ahoguen: *Contra la preocupación, ocupación.* Cuando la ansiedad o la tristeza te acechen, trata de ocuparte en algo práctico que te aporte valor a ti o a los tuyos. Desplaza tu centro de gravedad de la cabeza a las manos, del corazón a la acción.

Comedimiento y generosidad

Es fácil ver un paralelismo entre las hermanas Dashwood y las Austen, Jane y Cassandra. Según los principales biógrafos de la autora, Jane era muy sensible, espontánea, de carácter fuerte y vivaz, con una expresividad natural. En cambio, a su hermana se la describe como una persona racional, práctica, temperada, incluso fría en exceso en momentos de máxima excitación o dolor.

Cassandra se comprometió con Tom Fowle, un joven párroco con pocos recursos. Como su economía no les permitía empezar una vida juntos, decidieron esperar. Durante más de tres años sufrieron las dificultades y la angustia de un compromiso sin un futuro claro. Al final, Tom se embarcó con su mecenas, lord Craven, para ir a las Indias Occidentales en busca de fortuna como solución para su futuro con Cassandra. En el viaje, Tom enfermó y murió de fiebre amarilla.

Un golpe del destino propio de novela.

Al recibir la noticia, a pesar de su profundo dolor, Cassandra lo vivió con tanta calma y templanza que, según Jane:

> Se comporta con un grado de resistencia y comedimiento que ningún alma normal sería capaz de demostrar en una situación tan difícil.

Cassandra tenía un profundo sentido íntimo respecto a sus emociones. Por un lado, tal vez las reprimía en exceso. Pero, por el otro, entendía que abandonarse a las emociones y que todo el mundo se preocupara y sufriera por ella no la ayudaría a vivir mejor.

Leyendo las novelas de Jane Austen observamos cómo todas las protagonistas, quizá a excepción de lady Susan, tienen el comedimiento y la generosidad en su modo de sentir las emociones o deben aprender a conducirse así a través de la historia.

Fanny Price, Anne Elliot y Elinor Dashwood son comedidas, y los personajes que las rodean aprenderán de su templanza. Emma Woodhouse, Marianne Dashwood, Catherine Morland y Elizabeth Bennet deberán aprender a ser más prudentes y a contener su ímpetu emocional por su bien y el de su entorno.

Admirar el mar desde la playa

Las redes sociales han promovido de forma exponencial la voluntad de las personas de expresar su Yo y sus emociones:

todo el mundo quiere expresarse, contando su propia historia con todo lujo de detalles.

Compartir nuestra vida privada puede ayudarnos a entendernos, a buscar apoyos o afecto en momentos difíciles. Sin embargo, no puede convertirse en nuestro modo principal de relacionarnos, ni es posible buscar fuera soluciones para cuestiones que son internas.

Las emociones son de cada uno y las debe vivir y asimilar cada cual. Caer en el exceso de sentimentalismo o de patetismo solo sirve para fatigar a nuestro entorno, además de quitarnos energía. Hacer públicas tus emociones te hace más débil y vulnerable. La fuerza interior reside en saber que, por ti misma, eres capaz de sentir cualquier emoción sin que te inunde.

De joven yo era bastante como Marianne, vivía la existencia con tanta intensidad que sentía que me iba a explotar el cuerpo con cada suceso doloroso o emocionante. Necesitaba que mi existencia tuviera color y sentido. Por otro lado, este vaivén emocional hacía que yo sufriera en exceso y que mi entorno se preocupara por mí.

Recuerdo que, en una ocasión, una psicóloga me dio un consejo y lo he guardado para siempre en mi carpeta de recursos para los malos tiempos:

Puedes admirar el mar desde la playa sin tener que ahogarte en él.

Al representar mis emociones a través del mar, la psicóloga quería que reflexionara sobre la necesidad de no identificarme con ellas. Yo no era ese dolor, ni siquiera ese amor intenso. Eso que sentía era un mar extraordinario que podía gozar contemplándolo desde la orilla.

Aunque me ha costado mucho aplicar este consejo, después me ha permitido sobrevivir en un mundo lleno de impactos y cambios. Más que eso, me ha descubierto mi fortaleza más profunda, mi alma, incluso en los peores momentos de mi vida.

Inundación emocional y metaemociones

Siguiendo con la metáfora acuática, «inundación emocional» es el término que se utiliza en psicología para describir el momento en que una persona se siente desbordada por sus emociones.

Todo el mundo ha visto a alguien perder los papeles —a veces en situaciones muy comprometidas—, o que rompe a llorar sin que haya un motivo objetivo para hacerlo.

La inundación emocional se reconoce, justamente, por la desconexión que se produce de la mente racional. Por eso, en ese estado la persona no atiende a razones. Solo podemos acompañarla mientras naufraga en lo que está sintiendo. Tiempo habrá de analizar lo que está viviendo y, si es el caso, de ayudarla a buscar soluciones.

Durante la inundación solo podemos respirar y «dejarnos sentir», sin juicios ni culpabilidad que empeoren más las cosas. Si me siento mal por el modo en el que me siento —y, por ejemplo, no quiero molestar a mi entorno—, entonces tengo dos grados de dificultad emocional. Son las llamadas «metaemociones».

Cuando las aguas vuelvan a su cauce, entonces podremos analizar qué mensajes para nuestra vida tienen esas emociones tan intensas. ¿Qué tratan de decirnos? ¿Hay algo que debo comprender o incluso cambiar?

El ejercicio que sigue te ayudará a responder estas preguntas.

UN DIARIO PARA CONTENER LAS AGUAS

Cuando te sientas desbordada emocionalmente, la escritura puede ser el refugio más seguro y terapéutico. Mientras das rienda suelta a tus sentimientos, trata de escribir sobre estas cuestiones:

1. *¿Cómo describirías lo que estás sintiendo?*

   ....

   ....

2. *¿En qué parte de tu cuerpo notas más esas emociones?*

   ....

   ....

3. *¿Qué acontecimientos crees que han provocado lo que sientes?*

   ....

   ....

4. *¿Cuánto hay de ti —y no del hecho en sí— en lo que estás sintiendo?*

   ....

   ....

5. *¿Qué dice de tu momento personal lo que sientes?*

   ....

   ....

Limítate a escribir, sin tomar ninguna decisión hasta que pase la inundación emocional. Poner el corazón sobre el papel te hará sentir mejor, a la vez que te dará claridad sobre tu situación vital.

15
El poder del arrepentimiento

A menudo evitamos reconocer nuestros errores por temor a mostrar que somos humanos, que nos equivocamos, que somos vulnerables. Nos refugiamos en justificaciones y excusas, y usamos el orgullo como una barrera que nos protege del juicio de los demás y del nuestro propio.

Sin embargo, Jane Austen nos enseña que abrirnos al arrepentimiento no solo nos hace más humanos, sino que nos permite crecer, sentirnos más fuertes y construir relaciones genuinas.

Cuando, en *Persuasión*, Anne Elliot reflexiona sobre su error al rechazar la propuesta de matrimonio de Frederick Wentworth, dice:

> Ninguna persona sensata debería desestimar el arrepentimiento. Un pesar por la gratitud no mostrada, un pesar por la amabilidad no dada, un pesar por la devoción no aprovechada.

Con su mirada aguda y su capacidad para desentrañar los matices de las relaciones humanas, Jane Austen nos ofrece en sus novelas valiosas lecciones sobre el arrepentimiento, la vulnerabilidad y el poder transformador del perdón.

Un escudo para la vulnerabilidad

Cuando nos equivocamos, sufrimos. En el fondo sabemos que aquello no estuvo bien y que hicimos sufrir a otras personas y a nosotros mismos con nuestra decisión o actitud. Y lo habitual es que el ego acuda para justificarnos, para poner un escudo a nuestro dolor. Ya lo dice Elton John en uno de sus temas más bellos: «"Lo siento" parece ser la palabra más difícil».

¿A quién le gusta sentirse mala persona? A nadie. Todos, incluso el ser más despreciable en quien podamos pensar, necesitamos justificarnos para dormir tranquilos por las noches.

Hace años viví una experiencia terrible. Una persona famosa del mundo de la comunicación plagió mi primera novela. Tuvo acceso al manuscrito porque su editor había querido comprarla de modo insistente, aunque al final no hubo acuerdo.

Mi novela se publicó en febrero de 2014, y el plagio salió en octubre de ese mismo año. Cuando mis abogados pusieron un requerimiento a la editorial, el editor aceptó la posibilidad de llegar a un pacto: yo no quería dinero, solo el reconocimiento sobre el uso de mis ideas y de mi historia. Sin embargo, la otra autora (por llamarla de algún modo), no quiso ni hablar. Dijo que nos veríamos en los juzgados.

En ese momento, yo estaba embarazada y no quería entrar en litigios con una celebridad conocida por su carácter agresivo. Así que, en lugar de pelear, me retiré a las montañas a escribir, lo que hago siempre; eso es lo que soy.

Empecé una historia sobre un autor prestigioso que, tras el fracaso de sus últimas obras y con dificultades para encontrar nuevas ideas, acepta firmar con su nombre el manuscrito de otro. No me interesaba entender mi dolor, que ya lo estaba experimentando, sino que me intrigaba cómo podía vivir esa persona con el cargo de conciencia de apropiarse de las ideas de otro.

A través de mi nueva novela, titulada *El abismo*, entendí que todos necesitamos una justificación para nuestros actos. Nadie se levanta por la mañana y se dice a sí mismo: «Ayer robé las ideas de mi amigo, soy un genio. ¡A ver qué hago hoy!».

Las falsas excusas del victimismo

En este sentido, siempre he encontrado maravillosa la escena de *Sentido y sensibilidad* en la que Willoughby intenta justificar su falta ante Elinor Dashwood, sin una pizca de remordimiento.

Un breve recordatorio: después de haber seducido a Marianne Dashwood y haberle dado esperanzas de matrimonio, Willoughby la abandona sin explicaciones y se compromete con Miss Grey, una mujer rica con quien se casa solo por dinero. Más adelante, cuando Marianne cae gravemente enferma por el dolor que le ha causado su abandono, Willoughby se presenta de improviso en la casa de los Palmer para hablar con Elinor. Sin embargo, su objetivo no es ofrecerle una sincera disculpa, sino justificarse para tratar de limpiar su nombre.

> ¡Debo hablar con usted! No puedo estar tranquilo hasta que lo haga. ¡No puedo dejar que me juzguen con más dureza de lo necesario! Debo explicarme. Mi situación ha sido malinterpretada. Nunca quise hacerle daño a Marianne… Yo la amaba, Elinor. Dios sabe que la amaba de verdad.

Desde el principio, Willoughby no asume la culpa de sus acciones, sino que trata de minimizar su responsabilidad insistiendo en que su amor era sincero y que no tuvo otra opción. Y sigue:

> ¡No fue mi elección! ¡No pude actuar de otro modo! Mi situación financiera era desesperada… Sabía que no tenía fortuna, que no podría ofrecerle a Marianne la vida que merecía… Fui débil, lo admito. No tuve la fortaleza de resistir la tentación de asegurar mi bienestar.

El único resquicio de remordimiento que expresa Willoughby lo justifica con un giro retórico: no resistió la tentación de asegurar su propio bienestar. Lo cual es sensato. Por tanto, nadie puede acusarlo de haber actuado mal. Así, en lugar de reconocer que abandonó a Marianne por ambición y egoísmo, intenta excusarse con el argumento de que su falta de dinero lo obligó a actuar de ese modo.

En ningún caso muestra verdadero remordimiento, sino que se lamenta más por sí mismo que por Marianne. Todo gira en torno a él: *él* debe hablar, *él* necesita estar tranquilo, *él* quiere que dejen de juzgarlo con dureza, *él* la amaba, *él* estaba en una situación desesperada.

Pero Elinor, con su sentido común habitual, lo confronta con inteligencia, obligándolo a admitir su falta de honor:

> Entonces, ¿actuó usted solo por necesidad? ¿Eso justifica el haberla engañado? ¿La amaba y, aun así, la dejó sin una sola palabra de explicación?

Esta parte es clave, pues es la oportunidad que tiene Willoughby de ser fuerte, de admitir su error y mostrar empatía por el sufrimiento que le ha provocado a Marianne. En un arrebato de rabia admite que la abandonó, pero no expresa arrepentimiento.

> ¡Sí! ¡Sí! La abandoné. Pero no fue fácil. No puede imaginar el tormento que me ha causado. Al leer la carta de Marianne, sentí que se me partía el alma. Pero ya estaba comprometido… No tenía opción. ¿Cree que he sido feliz? ¿Cree que el dinero de Miss Grey me ha dado paz? ¡No! Vivo en una prisión dorada.

Willoughby se victimiza y se queja de su propio sufrimiento. Su postura es egoísta: lamenta las consecuencias de su decisión (sobre todo en él mismo), pero no la decisión en sí. Al final incluso añade, con desesperación:

> Si Marianne pudiera perdonarme... Si pudiera saber que todavía la amo... Tal vez eso me daría algo de consuelo.

De nuevo, el único interés es él mismo, su consuelo. Sin embargo, Elinor, con su claridad habitual, le responde con firmeza:

> Se equivoca si cree que eso la consolaría. Su amor no le sirve de nada ahora. Lo que necesitaba era su lealtad cuando aún tenía sentido.

¡Qué escena tan lúcida! Es un retrato psicológico maravilloso de los personajes y de su modo de ver la vida y encararla.

Willoughby no busca un perdón sincero, sino excusarse y aliviar su propia culpa. No lamenta haber traicionado a Marianne, sino las consecuencias personales de su elección: la posibilidad de las críticas, la falta de amor en su vida. Es el orgullo lo que le lleva a esgrimir argumentos como la falta de dinero y la presión social, pero Elinor lo confronta con la verdad: su amor por Marianne no significó nada si fue capaz de abandonarla por conveniencia y, además, sin ninguna explicación sincera.

No cabe duda de que le espera un futuro más desalentador a Willoughby, con su victimismo, arrogancia y orgullo, que a Marianne, con todo su dolor.

Aunque Willoughby actúa de modo detestable, en su

reacción podemos llegar a identificarnos. Por ejemplo, cuando no aceptamos haber hecho sufrir a alguien y nos enzarzamos en una discusión sin sentido.

El arrepentimiento como fortaleza

Jane Austen nos muestra que el arrepentimiento no es un signo de debilidad, sino una herramienta poderosa para liberarnos del peso de nuestros errores y sanar las relaciones. Es un proceso sanador que vemos en la mayoría de sus obras y en sus protagonistas.

Siguiendo con *Sentido y sensibilidad*, Marianne, tras su enfermedad, reflexiona sobre su comportamiento egoísta y, al contrario que Willoughby, reconoce cómo su actitud hirió a Elinor y dificultó la vida de su entorno. Y se disculpa ante Elinor:

> Tú, que has visto todo el egoísmo de mis últimos días, [...] debes perdonarme.

Esta disculpa sincera marca un cambio significativo en Marianne, quien aprende la importancia de considerar los sentimientos ajenos, así como el valor de la humildad y de cuidar de los demás.

También Catherine Morland, en *La abadía de Northanger*, tras dejarse llevar por su imaginación y acusar al general Tilney de un crimen inexistente, se siente profundamente avergonzada y reflexiona sobre su comportamiento. Y al final se pregunta:

¿Cómo pudo haberse engañado tanto a sí misma?

Es el reconocimiento claro y sin concesiones de nuestras faltas lo que nos permite aprender de ellas y, a la vez, ser más compasivos con nosotros mismos y con los demás.

La reparación como liberación

Hay casos, sin embargo, en los que el arrepentimiento no cura, sino que se convierte en un peso denso lleno de culpabilidad.

En *Emma*, la protagonista experimenta un momento de comprensión profunda cuando toma conciencia del dolor que ha infligido a Miss Bates con su comentario cruel en Box Hill.

> ¡Estuvo muy mal hecho, de verdad! [...] Nunca se había sentido tan agitada, tan mortificada y apenada por ninguna circunstancia en su vida.

Pero Emma no solo se siente culpable, sino que decide visitar a Miss Bates al día siguiente para disculparse, mostrando que *el verdadero arrepentimiento siempre va acompañado de acciones que reparan el daño causado.*

Sin acción para reparar el dolor provocado, no hay posibilidad de liberación.

Cuando Mr. Darcy es rechazado por Elizabeth Bennet por la manera orgullosa con la que le confiesa su amor, así como por su influencia en la separación entre Mr. Bingley y su hermana, él tiene dos opciones: puede sentirse profundamente herido, justificar sus acciones y dejarse llevar por su orgullo, o tomar acciones para enmendar aquello que ha podido hacer mal.

Mr. Darcy elige la segunda opción y Elizabeth acaba amándolo por ello.

> (Mr. Darcy)
>
> Si sus sentimientos siguen siendo los mismos que en abril, dígamelo de inmediato. Mis deseos y afectos no han cambiado, pero una sola palabra suya me hará callar para siempre.
>
> (Elizabeth Bennet)
>
> Mis sentimientos han cambiado demasiado desde aquella época como para seguir expresando el mismo rechazo. Mi gratitud hacia usted, por todo lo que ha hecho por mi familia, es infinita. Pero no se trata solo de gratitud… Mis sentimientos son muy diferentes a los que eran entonces.

El valor de rectificar

Jane Austen también tuvo que arrepentirse y pedir perdón en la vida real, y con ello nos ofrece un ejemplo extraordinario de cómo el arrepentimiento y la vulnerabilidad pueden llevar a decisiones difíciles pero necesarias.

Tras pasar una semana con su hermana Cassandra en la casa de sus amigas Catherine y Alethea Bigg-Wither, en Manydown Park, una tarde, el hermano de estas, Harris Bigg-Wither, más bien taciturno y silencioso, le hizo una propuesta sorprendente a Jane: le pidió que se casara con él.

Sin embargo, más sorprendente aún fue que ella aceptara.

Harris era el menor de ocho hijos, así como el único varón superviviente y, por tanto, heredero de Manydown Park y de la considerable fortuna de los Bigg-Wither. No obstante, según las investigaciones de Lucy Worsley en las cartas de la época, se le describe como un hombre de una envergadura considerable, torpe, con dificultades físicas en un brazo y sobreprotegido por su familia. Además, tartamudo y propenso a la grosería y la falta de tacto. Por otra parte, era seis años menor que Jane, un hecho a tener en cuenta en aquella época.

En cualquier caso, y por encima de toda apreciación sobre el mismo Harris, lo que está claro es que Jane no lo amaba. Su consentimiento vino motivado por el afecto que le tenía a la familia Bigg-Wither y por la presión de su familia para que se asegurara un futuro y una estabilidad económica. Sí, Jane Austen también afrontó la tentación de un matrimonio conveniente, como Willoughby, pero tuvo la valentía de rectificar.

Al día siguiente, Jane demostró mucho valor al disculparse y romper su compromiso. Con esta acción renunciaba a un hogar confortable, a poder dar cobijo y seguridad a su hermana Cassandra y a su madre, a estrechar vínculos con sus amigas y con la familia Bigg-Wither, con quienes se sentía cómoda y feliz.

A pesar de todas esas ventajas, prefirió ser fiel a sus principios. No había amor y no podía renunciar a su libertad sin amor.

Aunque sabía que esta decisión traería dolor y desaprobación, Jane aceptó los hechos y admitió su error. Este acto nos recuerda que *el arrepentimiento inmediato puede evitar remordimientos más profundos en el futuro.*

Jane Austen nos enseña que el verdadero crecimiento no radica en evitar los errores, sino en aprender de ellos y en ser valientes para pedir perdón y enmendarlos. El arrepentimiento y el perdón no solo fortalecen nuestras relaciones, sino que nos permiten reconectar con nosotros mismos desde un lugar de autenticidad.

Si escondemos nuestros errores, siempre nos sentiremos impostores, con temor a ser descubiertos en nuestra imperfección. En cambio, como Emma, Marianne, Elizabeth, Catherine, Anne y la propia Jane Austen, todos podemos encontrar una fuerza renovada en la vulnerabilidad que nos permite ser mejores versiones de nosotros mismos.

UNA CARTA SANADORA

¿Hay alguien con quien sientes que tienes pendiente una disculpa sincera? Si es así, escribe a esa persona un correo electrónico o una carta en la que admitas tus errores de modo claro y sincero, sin justificaciones.

Pon especial hincapié en reflexionar sobre cómo tu actuación ha podido perjudicar a esa persona o dañarla.

No hace falta que envíes la carta, pero, si decides hacerlo, eso podría liberarte y liberar a la otra persona de un dolor que ya no sirve para nada.

A continuación reflexiona sobre qué podrías hacer para reparar el daño causado. A veces es solo un gesto; otras veces puede ser una aportación o contribución de tiempo o dedicación.

Si la persona ya ha muerto o no es posible contactar con ella, considera la posibilidad de compensar el mal hecho con un beneficio para otra persona en una situación similar. De ese modo sentirás que se restablece el equilibrio en el universo.

La rectificación más bella del mundo

Terminaré este capítulo con la rocambolesca historia de amor entre la cantante folk Suzanne Vega y el poeta Paul Mills.

Según parece, la chica frágil que cantaba *My name is Luka*... conoció a Paul en 1981 en los locales alternativos de Greenwich Village de Nueva York. Este poeta bohemio se enamoró perdidamente de Suzanne, que justo entonces empezaba a cantar en pequeños escenarios. Paul la acompañaba a todas partes, además de ayudarla a pulir sus letras. Tenía una fe absoluta en el talento de ella y estaba dispuesto a mover cielo y tierra para que el mundo la descubriera.

El éxito no tardó en llegar. En 1983, poco antes de que Suzanne Vega firmara con una gran discográfica, Paul le mandó una carta en la que le pedía matrimonio. Ella la guardó en un cajón y ni siquiera se dignó responder.

Quizá porque estaba deslumbrada con el glamour y las promesas de la fama ignoró de un modo cruel a aquel humilde novio poeta que la había apoyado en sus primeros tiempos. Cortó cualquier clase de contacto con él, mientras se dejaba arrastrar por el rodillo de la fama.

Suzanne Vega se convirtió en una estrella mundial y sus discos se vendían a millones en todo el mundo. En medio de interminables giras, se casó con su productor.

Desde su desolación, aquel poeta con chaqueta de pana se sintió tan traicionado que, en sus actuaciones por los mismos pequeños locales del Village, siempre incluía en su repertorio poemas en los que se burlaba de Suzanne.

Algunos de esos textos llegaron a la cantautora a través de una amistad común. Sin duda, se sintió herida en lo más profundo.

Por otro lado, Suzanne empezó a comprobar que las mieles del éxito eran mucho menos dulces de lo que había imaginado. Además de hartarse de estar siempre expuesta a los *flashes*, su vida personal naufragaba.

En 1998 se divorció del productor y emprendió un camino de soledad. El *show business* ya no le seducía. Se sentía vacía y desengañada con la existencia. Así pasó varios años, viviendo en una melancolía que no la abandonaba.

En un giro propio de una película de Hollywood, en el invierno de 2005, mientras paseaba como un pájaro herido por Nueva York, se topó con Paul Mills. Habían pasado veintidós años desde su último encuentro.

Decidieron ir a tomar un café para ponerse al día. Paul trabajaba ahora de abogado. Ella le reprochó los poemas insultantes que le dedicó dos décadas antes. Él le recriminó que, después de apoyarla cuando nadie la conocía, hubiera desaparecido de su vida de aquella manera, sin responder siquiera a su propuesta matrimonial.

Tras este «intercambio de tiros», la conversación siguió por derroteros mucho más amistosos. Tenían tanto que contarse... Después de muchos altibajos, volvían a ser dos personas solas tratando de encontrar el sentido de su vida, como cuando se conocieron.

Cuando Suzanne regresaba a casa tras aquel encuentro, que había sido sorprendentemente agradable, de pronto tuvo una epifanía. Después de haber conocido a miles de personas, la mayoría de ellas movidas por el interés, ahora lo tenía claro: solo Paul la había amado de verdad. Y, en lo más profundo de su corazón helado, sospechaba que la seguía amando.

En cuanto llegó a su casa, buscó con tesón aquella carta recibida en 1983 y decidió que, veintidós años después, era el momento de contestarla.

Su respuesta fue «Sí».

Un par de meses más tarde se casaron, para asombro de todas las personas que los conocían. La felicidad nunca los ha abandonado desde entonces.

16
El desafío de no rendirse

Demasiadas veces caemos en la tentación de dar el poder a los demás o a las circunstancias a la hora de decidir nuestro camino.

De pequeña, tuve dificultades con la lectura, ya que lo hacía de un modo distinto a mis compañeros de clase. Por aquel entonces no se hablaba tanto del tema como ahora, pero con el tiempo descubrí que era disléxica.

En mi escuela solo había un modo de aprender a leer «bien»: con un cronómetro y contando el número de palabras que podías pronunciar por minuto. Afortunadamente, los métodos de enseñanza han cambiado. Pero, en mi caso, como siempre leía menos palabras por minuto que mis compañeros, me ponían en la clase de los rezagados.

Tres profesores a lo largo de mi educación me advirtieron que, aunque se notaba que tenía inteligencia para las matemáticas o las ciencias, bajo ningún concepto me dedicara a la literatura. Por desgracia, influyeron en mi autoestima, pero no les hice caso.

Hacer de la dificultad una virtud

Es interesante descubrir cómo grandes personajes de la historia con enorme talento y capacidad tuvieron que sobreponerse al rechazo de la industria, el entorno o bien a obstáculos físicos terribles. A menudo desconocemos esa persistencia que les permitió romper barreras, ya que solo vemos el éxito final.

A los diecisiete años, mientras trabajaba en una fábrica metalúrgica, Tony Iommi sufrió un accidente que le amputó las puntas de los dedos corazón y anular de la mano derecha.

Para cualquier otra persona, este habría sido un doloroso accidente que lamentar, pero para Iommi fue toda una tragedia, pues significaba que tendría que dejar su gran pasión: tocar la guitarra.

Con todo, el capataz de la fábrica y amigo de Iommi le insistió en que escuchara a Django Reinhardt. Según cuenta Iommi:

> Mi amigo me dijo: «Escucha tocar a este tipo», y yo le respondí: «¡De ninguna manera! Escuchar a alguien tocar es lo último que quiero hacer en este momento». Pero siguió insistiendo y me convenció de que escuchara a Reinhardt.
>
> Tras decirle que pensaba que era realmente bueno, mi amigo me dijo: «¿Sabes? El tipo solo toca con dos dedos en la mano del diapasón debido a una lesión que sufrió en un incendio terrible». Esta revelación me sorprendió por completo. De hecho, quedé tan impresionado por lo que

> acababa de escuchar que eso me animó a intentar tocar de nuevo.[31]

Iommi decidió adaptarse a su nueva realidad. Fabricó extensiones para sus dedos con prótesis de goma, y ajustó la afinación de su guitarra de modo que las cuerdas quedaran menos tensas y, por consiguiente, menos duras para evitar así el dolor cuando tocaba. Estas modificaciones no solo le permitieron seguir tocando, sino que su afinación con un sonido más oscuro y denso creó la tonalidad característica del heavy metal.

Tony Iommi es uno de los fundadores de la emblemática banda Black Sabbath, y es considerado uno de los guitarristas más influyentes de la historia del rock y, en muchos sentidos, el padre del sonido heavy metal. La resiliencia, la perseverancia y la creatividad de Iommi ante la adversidad lo llevaron a convertirse en una leyenda de la música. Con su ejemplo, además, demostró que los obstáculos pueden transformarse en nuevas e inesperadas oportunidades.

En el éxito de numerosos deportistas, músicos, artistas, empresarios, científicos y escritores hay muchas historias de superación escondidas.

La primera novela de Stephen King, *Carrie*, fue rechazada por treinta editoriales antes de ser aceptada por Doubleday y convertirse en el primer gran éxito del autor, que ha vendido más de trescientos cincuenta millones de libros en todo el mun-

---

[31] Iommi, T., «Never say die: Overcoming overwhelming odds, and the right way to play "Paranoid"», *Guitar World*, agosto de 1997. Archivado el 16 de marzo de 2012 en Wayback Machine. Recuperado de Wayback Machine.

do. También el manuscrito de J. K. Rowling de *Harry Potter y la piedra filosofal* fue rechazado por doce editoriales antes de que Bloomsbury decidiera apostar por ella y se convirtiera en una de las sagas más exitosas de la historia de la literatura.

Stephen King guardaba todas las cartas de rechazo que recibía. Según el autor, después de valorar las críticas que las editoriales hacían de su trabajo e introducir los cambios pertinentes (si lo consideraba oportuno), las colgaba para que estuvieran a la vista. En lugar de deprimirse o desanimarse, lo veía como una motivación para seguir intentándolo.

La persistencia de Jane Austen

Jane Austen soñaba con ser escritora desde que era pequeña. En un mundo donde las oportunidades para las escritoras eran escasas y la libertad para gestionar su economía, firmar contratos o publicar estaba restringida, ella persistió en su ambición literaria.

Esta fuerza de carácter se la transmitió a sus protagonistas, quienes persisten en sus propósitos, sea cual sea la presión que reciban en contra.

En 1803, Jane Austen vendió el manuscrito de *Susan* (que más tarde se publicaría bajo el título *La abadía de Northanger*) a un editor llamado Benjamin Crosby por la suma de diez libras. Ella se sentía feliz e ilusionada. Este podía ser el principio de su independencia económica y de su carrera literaria.

Sin embargo, Crosby nunca publicó su novela. Durante años, Austen aguardó pacientemente, pero el 5 de abril de 1809, harta de esperar, escribió a Crosby una carta que aún se conserva y que firmó con las siglas MAD («enojada», en inglés):

Miércoles, 5 de abril de 1809

A B. Crosby & Co.

Señores,

En la primavera del año 1803, un manuscrito de novela en dos volúmenes titulado *Susan* les fue vendido por un caballero de nombre Seymour, y el pago de 10 libras fue recibido en ese momento. Han pasado seis años desde entonces y, hasta donde tengo conocimiento, esta obra, de la cual me declaro autora, nunca ha sido publicada, a pesar de que en el momento de la venta se estipuló su pronta publicación.

Solo puedo explicar una circunstancia tan extraordinaria suponiendo que el manuscrito, por descuido, se haya extraviado; y si ese fuera el caso, estoy dispuesta a proporcionarles otra copia si están interesados en aprovecharla y pueden comprometerse a no causar más retrasos una vez que la reciban.

No me será posible, debido a circunstancias particulares, entregar esta copia antes del mes de agosto, pero en ese momento, si aceptan mi propuesta, pueden contar con recibirla. Les ruego que me envíen una respuesta lo antes posible, ya que mi estancia en este lugar no se prolongará más que unos pocos días.

Si no recibo ninguna respuesta a esta solicitud, me consideraré en libertad de asegurar la publicación de mi obra buscando otra alternativa.

Atentamente,

MAD

Jane Austen fue tremendamente audaz y elegante en su petición. Primero daba la oportunidad al editor de que hubiera extraviado la obra, así como de repensarse la opción de editarla. Pero, si este no era el caso, ella quería recuperar los derechos.

La respuesta no se hizo esperar. Crosby respondió a Jane Austen con una carta fría e impasible donde le explicaba que en el contrato de los derechos de *Susan* que había firmado no se exigía la publicación del libro, y que, si quería recuperar dichos derechos, debía abonar las diez libras que le pagaron en su momento.

Fue un duro golpe para Jane. No tenía el dinero para recuperar la obra y, de hecho, no logró reunirlo hasta el final de su vida. Un año antes de morir, en 1816, pagó la suma a Crosby y *Susan* volvió a ser suya. Sin embargo, debido a su delicado estado de salud, no llegó a ver publicada *La abadía de Northanger*.

A pesar de aquel primer revés, Jane nunca dejó de creer en ella misma y en su camino como escritora. Siguió escribiendo y buscando nuevas oportunidades.

Tras aquel chasco con Crosby, en 1811, gracias al apoyo financiero de su hermano Henry y a la intervención de un editor más receptivo (curiosamente, especialista en obras militares) llamado Thomas Egerton, publicó *Sentido y sensibilidad*. Lo hizo bajo seudónimo y con un sistema que entonces se llamaba «bajo comisión». Significaba que Jane corría con las posibles pérdidas que tuviera la obra, y que también podría beneficiarse de las ganancias. Hoy podríamos denominarlo casi «autopublicación».

La primera edición se agotó en menos de dos años.

Animada por el éxito, Jane perseveró y publicó *Orgullo y prejuicio* en 1813, consolidando así su carrera.

El infortunio que había sufrido con su primer libro no desanimó a Jane Austen ni la hundió en el resentimiento o la apatía. Tampoco cambió de opinión sobre cuál era su camino. Al contrario, aprovechó el tiempo de espera para trabajar sobre otros manuscritos y mejorarlos, aprendiendo de paso cómo funcionaba el negocio editorial.

A partir de entonces procuró gestionar mejor su obra.

Heroínas que no se rinden

Si Jane Austen nunca dejó de luchar por sus libros, sus heroínas reflejan esa misma capacidad de sobreponerse a las adversidades, así como la firmeza en sus convicciones.

Elizabeth Bennet rechaza un matrimonio de conveniencia con Mr. Collins y, más tarde, se enfrenta con valentía a Mr. Darcy cuando este le hace su primera propuesta de forma un tanto grosera. A pesar de su situación de dependencia económica por ser mujer (y mucho más por no disponer de dote), Lizzy se niega a casarse por obligación, presión o necesidad económica; no está dispuesta a traicionar sus valores.

A Mr. Darcy, en su primera propuesta de matrimonio, le responde:

> No me habría casado con usted aunque fuera el último hombre sobre la tierra.

Este rechazo no es solo una muestra de orgullo, sino una reivindicación de su derecho a decidir su futuro, algo revolucionario en una sociedad donde la estabilidad de una mujer dependía del matrimonio.

Anne Elliot en *Persuasión* también es un ejemplo de resiliencia silenciosa. Tras rechazar a Wentworth, persuadida por su entorno, se enfrenta a la soledad y el remordimiento. Sin embargo, en lugar de hundirse en la desesperanza, Anne madura, aprende y sigue adelante, hasta que al final el destino le ofrece una segunda oportunidad. Wentworth, al reconocer su fortaleza, le escribe:

> No puedo escuchar más en silencio. Debo hablar con usted con los medios a mi alcance. Usted me traspasa el alma. Estoy medio agonizante. Diga lo que siente. Diga que no llego demasiado tarde, que esos preciosos sentimientos no han cambiado.

Anne, que ha persistido en su amor y en su dignidad, ve recompensada su paciencia con un amor renovado y más fuerte.

Fanny Price en *Mansfield Park* es una de las heroínas más tenaces y resilientes de Austen. Criada como la sobrina pobre en casa de sus tíos, sufre el desprecio y la presión constante de su familia, pero se mantiene firme en sus valores. Cuando se niega a casarse con Henry Crawford, a pesar de que todos la presionan para que acepte la oportunidad de llevar una vida cómoda, Fanny demuestra que su fuerza no radica en la rebeldía, sino en la resistencia silenciosa.

> Debo seguir mi conciencia, aunque me condene al desagrado de todos.

Finalmente, su perseverancia tiene sus frutos cuando Edmund Bertram reconoce su verdadero valor.

La vida es nuestras ganas de vivirla

Tras haber logrado por fin el reconocimiento literario, Jane Austen no dejó de escribir ni de luchar por su trabajo, incluso cuando su salud comenzó a deteriorarse en 1816.

Durante sus últimos meses, y a pesar de las dificultades de visión y del intenso dolor que padecía, siguió trabajando en su última novela, *Sanditon*, demostrando que su pasión y su determinación eran inquebrantables.

En una de sus últimas cartas, del 27 de marzo de 1817, confiesa:

> No sé qué me deparará el destino, pero seguiré escribiendo mientras pueda sostener una pluma.

Falleció el 18 de julio de 1817, dejando un legado imborrable. Sus novelas siguen inspirando a las nuevas generaciones porque nos enseñan que solo cuando somos fieles a nosotros mismos, desafiamos los obstáculos y aprendemos de ellos con dedicación y empeño, el camino vale la pena y los sueños pueden hacerse realidad.

CONSIGNA CINCO DIFICULTADES SUPERADAS

Muchas veces nos sentimos desanimados, bloqueados incluso, por las dificultades que la vida ha puesto en nuestro camino. Para neutralizar el miedo y la incertidumbre, este ejercicio es una invitación a que consignes tus «grandes éxitos» a la hora de afrontar adversidades, así como tu manera de vencerlas y lo que aprendiste de ello.

1. ADVERSIDAD: ....
Así la resolví: ....
Lección aprendida: ....

2. ADVERSIDAD: ....
Así la resolví: ....
Lección aprendida: ....

3. ADVERSIDAD: ....
Así la resolví: ....
Lección aprendida: ....

4. ADVERSIDAD: ....
Así la resolví: ....
Lección aprendida: ....

5. ADVERSIDAD: ....
Así la resolví: ....
Lección aprendida: ....

Nunca confundas un «Todavía no» con un «No»

Quiero terminar este capítulo con una entrevista inspiradora que mi amigo Francesc Miralles, que me animó a escribir este libro, le hizo a Maggie Stiefvater, autora de novelas juveniles de gran éxito como *Temblor*.

Esta conversación me parece especialmente interesante porque la escritora de Virginia (Estados Unidos) habla de las dificultades de sus inicios y de todo lo que tuvo que luchar para convertirse en una autora publicada.[32]

> *—Maggie, he leído en tu biografía que desde pequeña ya practicabas la escritura, la música y la pintura. ¿Creciste en un entorno muy artístico?*
>
> —Mis padres eran grandes lectores que compraban un montón de libros. Mi madre había estudiado Bellas Artes, con lo que nos enseñó a dibujar desde muy pequeños. En cuanto a la música, con mis hermanos siempre hemos tocado diferentes instrumentos.
>
> *—Tengo entendido que tú tocas la gaita. Es un instrumento inusual y ruidoso… puede ser molesto para los vecinos.*
>
> —Sí, está pensado para ser tocado desde lo alto de un monte, a cien pies al menos. (RÍE).
>
> *—Antes de dedicarte a escribir, creo que vivías de pintar caballos…*

---

[32] Extraído de Francesc Miralles, *Escrito en la Tierra*, Barcelona, Obelisco, 2024. Damos las gracias a la editorial por brindarnos este fragmento.

—Cierto, para ganarme la vida estaba todo el día pintando caballos, que es una especialidad difícil, sobre todo las patas en movimiento.

—Hablemos ahora de libros. ¿Qué lecturas te formaron como autora?

—Crecí leyendo muchas novelas británicas de fantasía. Con diez años me aficioné a Diana Wynne Jones, la autora de *El castillo ambulante*. De esta misma autora me encantaba *Dogsbody* y creo que ya entonces me impulsó a ser escritora.

—¿Por qué decidiste estudiar Historia, entonces?

—Porque en la universidad me dijeron que no era lo bastante buena para escribir y tuve que elegir otros estudios. Pero me gustó la carrera porque tiene mucho que ver con la Fantasy, ya que las historias suceden en diferentes mundos con aventuras y personajes singulares...

—Vamos ahora con tus inicios en el mundo de la literatura. Cuando escribiste Lament *creo que recibiste muchas notas de rechazo...*

—Sé que estas notas hacen sufrir a los autores que empiezan, pero para mí eran un estímulo porque demostraban que lo estaba intentando con todas mis fuerzas. No recibirás ninguna nota de rechazo si no terminas tu novela, o si escribes y te quedas de brazos cruzados sin hacer nada por mover tu libro. Había respuestas terribles, del tipo: QUERIDA AUTORA, DEJA DE MANDARNOS TUS LIBROS. Luego fueron mejorando y me decían cosas como: QUERIDA MAGGIE, ESTE LIBRO NO ES PARA NOSOTROS, PERO SIGUE TRABAJANDO.

—¿Y cuándo llegó el primer SÍ?

—Fue un sello pequeño, y el editor me pidió que reescribiera la novela de arriba abajo. Quería que la recortara mucho, que cambiara de tercera persona a primera, que buscara otro escenario... Fue escribir todo el libro de cero, y cuando terminé la nueva versión y la entregué, no les gustó y dijeron: «Lo siento, no te vamos a publicar».

—Debió de ser un golpe muy duro.

—Sí, pero no me desanimé. Guardé *Lament* en el cajón y dediqué todo un año a escribir otra novela. Cuando la llevé al mismo editor, me dijo: «Esto está mucho mejor, Maggie. ¿Por qué no utilizas todo lo que has aprendido con esta segunda para reescribir de nuevo la novela anterior?». En vez de arrojar la toalla, volví a aceptar el reto y estuve tres meses dedicada febrilmente a esa tarea. Cuando la editorial recibió la tercera versión de mi primera novela, por fin la aceptó y firmé mi primer contrato.

—Uau... Eso fue una prueba de resistencia.

—Tenía que ser así. En total transcurrieron seis años desde que empecé a mandar *Lament* a las editoriales, cuando tenía dieciséis, hasta que logré que la publicaran. Aún guardo la nota de rechazo de Scholastic, que es mi editorial ahora en Estados Unidos, y la de mi actual agente, que en su momento no me aceptó. He tenido que trabajar mucho para llegar hasta aquí, pero ha valido la pena.

—Seguro que muchos jóvenes autores te piden ayuda. ¿Qué consejo les das?

—Les digo dos cosas. La primera es que cualquiera puede aprender a escribir una novela. Tal vez no sea la mejor novela del mundo, pero eres capaz de contar una historia. Es una técnica que todo el mundo puede aprender.

Lo segundo que les digo es que deben tomar un NO por lo que significa en realidad: TODAVÍA NO. Todavía no sabes lo suficiente para escribir un libro que un público masivo quiera leer. La cuestión es muy sencilla. Da igual que tengas nombre o que seas un desconocido: si escribes una novela capaz de fascinar a un montón de gente, alguien la publicará. Los editores no son idiotas. ¡Quieren vender libros! Pero no es nada fácil hacer una novela así. Es un trabajo que requiere muchos años.

17
Recuerda que eres un ser salvaje

La naturaleza en las novelas de Jane Austen no es solo un escenario: es un reflejo del estado de ánimo de los personajes y una fuente de libertad, claridad y verdad.

En una sociedad donde las mujeres estaban confinadas en espacios cerrados y sujetas a rígidas normas sociales, en el mundo exterior era donde podían encontrarse las posibilidades de liberación. En los campos, los bosques y los caminos rurales, sus heroínas piensan, sienten y, a menudo, descubren su propio poder.

Elizabeth Bennet, en *Orgullo y prejuicio*, se salta la etiqueta al caminar por el campo, sin importarle el barro o la opinión de los demás. Su espíritu indomable se revela en su conexión con la naturaleza:

> Elizabeth, sintiendo cómo el aire fresco avivaba su ánimo, continuó su camino, saltando charcos sin vacilar y disfrutando la libertad de un paseo solitario.

Después de este paseo, Elizabeth llega a Netherfield para ver a su hermana, que ha caído enferma durante una visita a esta casa. Tras recibirla, Miss Bingley le hace el siguiente comentario sobre ella a Mr. Darcy:

> ¡Para nada puede llamarse atractiva su manera de caminar! ¿Caminar tres millas, o cuatro millas, o cinco millas, a campo traviesa, sola, con las enaguas llenas de barro, que le dan un aire totalmente salvaje? No puede haber nada más espantoso para una mujer joven que mostrarse independiente y sin preocuparse por la opinión de los demás.

Aun así, esta gesta hace que Mr. Darcy se enamore todavía más de ella. La libertad, nos transmite Jane Austen, es un rico alimento para el amor.

En *Sentido y sensibilidad*, Marianne Dashwood encuentra en la naturaleza el reflejo de su propio temperamento apasionado. Se entrega a ella obviando los posibles indicios de tormenta:

> Oh, ¿quién podría haber soportado quedarse en casa en una mañana como esta? ¡Me siento demasiado dichosa, demasiado animada para permanecer dentro!

Después de este pasaje empieza a llover y Marianne se cae y se lastima un pie. En medio del peligro que supone la libertad sin precaución, llega un peligro aún mayor: Mr. Willoughby. Será él, a quien conoce bajo la tempestad, quien pondrá definitivamente en riesgo la vida de Marianne.

La fuerza del mar

Jane Austen amaba la naturaleza y se dejaba llevar por todas las sensaciones que le transmitía. Dejó prueba de ello en sus cartas. Así, el 1 de junio de 1799 le escribió a su hermana Cassandra:

> Cuánto disfruto de los paseos por los caminos rurales, con el viento en el rostro y el sonido de los pájaros como única compañía.

Pero no solo se refugiaba en las montañas y las praderas, el mar también tuvo un impacto en su vida y en su obra.

Janet Todd, en *The Cambridge Introduction to Jane Austen*,[33] afirma: «El mar, en las novelas de Austen, a menudo representa libertad y escape, ofreciendo a sus personajes una oportunidad de reflexión y autodescubrimiento».

Y antes John Wiltshire, en *Jane Austen and the Body*,[34] escribió: «Las referencias al mar en las obras de Austen subrayan las tensiones entre tradición y cambio, así como las dinámicas sociales en evolución en la Inglaterra georgiana».

Sin duda, en *Persuasión*, la fuerza del mar simboliza la profundidad de los sentimientos de Anne Elliot. En Lyme Regis, mientras observa el océano, Anne experimenta un despertar interior que anticipa su transformación:

---

[33] Todd, J., *The Cambridge Introduction to Jane Austen*, Cambridge University Press, 2006.

[34] Wiltshire, J., *Jane Austen and the body: «The picture of health»*, Cambridge University Press, 1992.

> El mar, con su vastedad infinita y su imperecedera movilidad, le trajo un sentimiento de renovación y de vida.

Jane Austen visitó Lyme Regis como mínimo en dos ocasiones, durante el otoño de 1803 y en verano de 1804. El mar empezaba entonces a ser mucho más que un paisaje pictórico o el recurso de los pescadores. Por aquel entonces ya existían los baños de mar. Era algo aún muy precario, con estructuras de madera con ruedas que los hombres llevaban a pulso hasta la orilla para que los bañistas pudieran acceder al agua sin miedo a hundirse. Los trajes de baño también resultaban incómodos, pues las mujeres llevaban unos pesos en su vestimenta para que esta no se hinchara y tendiera a subir a la superficie.

Podemos imaginarnos, pues, que un baño en el mar era bastante complicado. Sin embargo, también se consideraba algo salvaje, con las olas chocando contra el cuerpo, la libertad del agua deslizándose entre las piernas. Jane Austen escribió a su hermana en 1804:

> El agua estaba tan deliciosa esta mañana [...] que creo que he pasado demasiado tiempo allí dentro.

El amor de Jane Austen por el mar se palpa en las descripciones de los paisajes de Lyme Regis en *Persuasión*, pero también en la póstuma *Sanditon*. Aunque inacabada, la novela transcurre en su mayor parte en un pueblo de costa que podríamos asimilar a Bath. Ahí se encuentran los elementos de todas sus novelas en un estadio prematuro. No obstante, en *Sanditon* el mar toma un protagonismo singular y mágico. Es poderoso, irrefrenable; puede llevarnos a las mejores aventuras, y también a los mayores peligros.

De nuevo, la naturaleza como necesidad esencial, y, a la vez, como vestigio de peligro si no ponemos cierta precaución.

Sin embargo, pese a todos los peligros, Jane Austen lo tiene claro: la naturaleza debe vivirse.

Andar y conectar con el cuerpo

El acto de caminar es recurrente en las novelas de Austen y tiene un simbolismo profundo: es un signo de independencia, de reflexión y, en muchos casos, de desafío. En un mundo donde se esperaba de las mujeres que fueran pasivas, sus heroínas caminan con un propósito.

Fanny Price, en *Mansfield Park*, encuentra en sus paseos una forma de resistencia, de conectar con su fuerza interior. Es en sus caminatas por los terrenos de Mansfield, lejos de la familia que no la valora, donde puede sentirse ella misma:

> Mejor es estar aquí, entre los árboles, donde nadie puede juzgar mi tristeza.

Catherine Morland, en *La abadía de Northanger*, no es la típica heroína frágil, pues disfruta de largas caminatas, lo que demuestra su fortaleza y su vitalidad:

> Caminar es mi placer más grande; cuando estoy fuera, con el aire fresco en mi rostro, siento que el mundo es más claro.

Incluso Emma Woodhouse, pese a su carácter acomodado, entiende las caminatas como un espacio de conversación y reflexión. Es durante un paseo cuando tiene una de las conversaciones más importantes con el Sr. Knightley, que la lleva a conectar con sus sentimientos y a expresarlos.

La misma Jane Austen manifestaba su afición a caminar en sus cartas. Por ejemplo, en una dirigida a su amiga Martha Lloyd, del 29 de octubre de 1814, dice:

> Daría cualquier cosa por un paseo largo esta tarde; nada despeja la mente y aviva el espíritu como una buena caminata.

Así, caminar no es solo un movimiento físico, sino un acto de calmar el flujo mental, de activarse y espolear los ánimos. En la naturaleza se siente viva, más libre. Sus heroínas tampoco esperan ni permanecen inmóviles. Caminan, exploran, avanzan.

Porque en una sociedad como la georgiana, caminar era una forma de rebelarse, de preservar el espíritu en cualquier circunstancia y por encima de las normas sociales.

Sabiduría en movimiento

Es conocido que los filósofos de la antigua Grecia consideraban que el acto de caminar estimula la reflexión y las nuevas ideas. De hecho, los peripatéticos, como Aristóteles y sus discípulos, pensaban y debatían andando.

Algo intuían aquellos pensadores que la ciencia actual

ha confirmado. Un estudio de la Universidad de Stanford demostró que las personas que caminan a diario aumentan su creatividad un 60 % respecto a quienes se pasan la jornada encerrados en un despacho.

Más allá de que andar nos ponga en contacto con otros paisajes y sensaciones, además de brindarnos la oportunidad de encontrarnos con otros caminantes, el movimiento corporal estimula el riego sanguíneo, incluyendo la zona de la cabeza.

Henry David Thoreau, el gran filósofo estadounidense del siglo XIX, estaba tan seguro de los beneficios de esta actividad que escribió un librito titulado *Caminar*, donde entre otras cosas nos dice:

> A mí, que no puedo quedarme en mi habitación ni un solo día sin empezar a entumecerme y que cuando alguna vez he robado tiempo para un paseo a última hora —a las cuatro, demasiado tarde para amortizar el día, cuando comienzan ya a confundirse las sombras de la noche con la luz diurna— me he sentido como si hubiese cometido un pecado que debiera expiar, confieso que me asombra la capacidad de resistencia, por no mencionar la insensibilidad moral, de mis vecinos, que se confinan todo el día en sus talleres y sus oficinas, durante semanas y meses, e incluso años y años. No sé de qué pasta están hechos, sentados ahí ahora, a las tres de la tarde, como si fueran las tres de la mañana. [...] No sé cómo lo soportan las mujeres, que están aún más recluidas en casa que los hombres; aunque tengo motivos para sospechar que la mayor parte de ellas no lo soporta en absoluto.

Ansias de libertad

En un mundo que exigía que las mujeres fueran dóciles y se amoldaran a las expectativas sociales, queda claro que las protagonistas de Jane Austen resisten. Son mujeres que siguen su instinto (ese espíritu salvaje de la naturaleza), que se niega a ser moldeado por los demás.

Anne Elliot lo dice en *Persuasión*, posiblemente la obra en la que la autora expresa de modo más vehemente las limitaciones que sufren las mujeres:

> Vivimos en casa, quietas, retraídas, y nuestros sentimientos nos avasallan. Ustedes se ven obligados a andar. Tienen una profesión, propósitos, negocios de una u otra clase que los llevan sin tardar de vuelta al mundo, y la ocupación continua y el cambio mitigan las impresiones.

Las mujeres estaban relegadas a la casa y las tareas domésticas. Su responsabilidad y mayor aspiración era tener un marido adecuado y aceptado por la familia, y dedicarse a él y a los hijos que nacieran en adelante. Eso si no morían en el parto, pues ese era el destino del 50 % de las mujeres. Tampoco disponían de un espacio propio, ni existía la posibilidad de dedicarse a una profesión.

No obstante, muchos hombres tampoco contaban con esta libertad.

En las novelas de Jane Austen, los hombres también sufren la presión social. Muchos de ellos deben ejercer la profesión que les marca la familia y casarse con quien se espera sin tener en cuenta sus sentimientos.

El famoso comienzo de *Orgullo y prejuicio* es bien explícito respecto a esto:

> Es una verdad universalmente reconocida que un hombre soltero, poseedor de una gran fortuna, necesita una esposa.
>
> Por más poco conocidas que sean sus emociones o puntos de vista al llegar a un nuevo vecindario, esta verdad está tan firmemente asentada en la mente de las familias de los alrededores que lo consideran propiedad legítima de alguna de sus hijas.

Aquí Jane Austen deja claro que sus libros, aunque tratan el tema del amor, hablan sobre todo de la necesidad de libertad.

Decidir la propia vida

Jane Austen cumplió su propio mandato. Decidió sobre su vida amorosa a pesar de las presiones, y tuvo un propósito profesional que persiguió toda su vida: ser escritora. Sus principios para la vida fueron el molde para sus protagonistas.

Marianne y Elinor Dashwood, Elizabeth Bennet, Fanny Price, Emma Woodhouse, Anne Elliot y Catherine Morland no se conformarán, decidirán sobre su vida y se enfrentarán a la autoridad, a la jerarquía y a la hipocresía social, resistirán las tempestades, el dolor y el posible escarnio público, y todo ello al final les servirá para ser más ellas mismas.

Pongamos el caso de Elizabeth Bennet, la misma que es capaz de caminar durante millas, ensuciarse el vestido y llegar sin ceremonias a casa de Mr. Bingley.

Al final de la novela, lady Catherine de Bourgh, indignada por el rumor de que Elizabeth podría casarse con su sobrino, Mr. Darcy, le hace una visita y trata de intimidarla para que renuncie a cualquier posible compromiso.

Sin embargo, Elizabeth no se deja amedrentar por la superioridad social de lady Catherine ni tampoco por sus palabras amenazantes. Todo lo contrario, con más seguridad que nunca reafirma su identidad y sus valores, al decirle que solo hará aquello que ella misma considere más conveniente para su felicidad, como ya vimos en el primer capítulo de este libro.

La respuesta de la poderosa señora es contundente:

> —Muy bien. Entonces se niega usted a complacerme. Rehúsa usted obedecer al imperio del deber, del honor y de la gratitud. Está usted determinada a rebajar a mi sobrino delante de todos sus amigos y a convertirle en el hazmerreír de todo el mundo.
>
> —Ni el deber, ni el honor, ni la gratitud —repuso Elizabeth— pueden exigirme nada en las presentes circunstancias. Ninguno de sus principios sería violado por mi casamiento con Darcy. Y en cuanto al resentimiento de su familia o a la indignación del mundo, si los primeros se enfurecen por mi boda con su sobrino, no me importaría lo más mínimo; y el mundo tendría el suficiente buen sentido de sumarse a mi desprecio.

Hoy cuesta pensar en personas que sean capaces de hablarle así a un jefe o a alguien con autoridad para defender los valores de la libertad, la justicia y la verdad. Sin embargo, Elizabeth y todas las heroínas de Jane Austen son valientes. Incluso más valientes que cualquier superheroína, pues se enfrentan a la posibilidad del desprecio, el ostracismo, la pobreza y la soledad.

Pero es precisamente esa libertad de carácter, fuerza interior y valentía lo que les brinda el amor. Solo desde esa libertad es posible el amor verdadero.

Me parece una conclusión reveladora.

Jane Austen nos enseña que ser fiel a una misma es fundamental para vivir con plenitud. Y también que la naturaleza es un refugio y una fuente de verdad, que el cuerpo es nuestro primer espacio de libertad y que la autenticidad es un acto de valentía, en especial para las mujeres.

Sus heroínas caminan, desafían las normas y siguen su propia senda, ignorando las expectativas de los demás. Y con cada paso que dan nos recuerdan que, en lo más profundo, más allá de los adoquines sociales, seguimos siendo seres salvajes.

ESCRIBE TU MANIFIESTO DE LIBERTADES

Seas joven o no tan joven, hombre o mujer, como cierre de este libro te invito a que redactes tu propio manifiesto para, en adelante, vivir según tus propios principios y prioridades.

No será un listado de derechos sino de libertades. Un derecho implica reivindicar tu aceptación para hacer algo o vivir de determinado modo. La libertad es asumir, sin participación de terceros, ese derecho vital.

Te propongo que completes y coloques en un lugar visible lo que sigue:

MANIFIESTO DE LIBERTADES DE ....

Yo, ..., nacido/a libre el ....
en .... me concedo, en adelante, el derecho y la libertad de vivir según mis deseos, con la única limitación de no coartar la libertad de otros. Desde ese espíritu, declaro que

1. SOY LIBRE DE...
2. SOY LIBRE DE ....
3. SOY LIBRE DE ....
4. SOY LIBRE DE..
5. SOY LIBRE DE ....
6. SOY LIBRE DE..
7. SOY LIBRE DE...
8. SOY LIBRE DE..
9. SOY LIBRE DE ....
10. SOY LIBRE DE ....

Y para que conste a todos los efectos —y afectos—, esta rúbrica supone desde ahora mi compromiso con todas estas libertades.

Firmado,

....

Diez reglas para cambiar tu vida con Jane Austen

Espero que este paseo con Jane Austen te haya inspirado. Puede que sientas el deseo de tomar una de sus obras —si no has leído nada de ella, te aconsejaría empezar por *Orgullo y prejuicio*— o, mejor aún, puede que te dispongas a aplicar parte de lo que hemos visto a tu vida cotidiana. A fin de cuentas, este libro tiene una intención práctica: no solo he querido presentarte las obras, los personajes y los temas de esta autora que me apasiona, sino que creo sinceramente que tiene el poder de cambiar tu vida.

La literatura no deja de ser un reflejo de nuestra existencia. Es un terreno simbólico que invita a la reflexión y a la acción. Al ver actuar a personajes que nos conmueven, como Elizabeth Bennet, es inevitable establecer paralelismos con nuestra propia vida. Y eso nos lleva a despertar, a proyectar nuevas ideas y escenarios, a actuar.

Confío en que algunas de las ideas que hemos compartido sean el punto de partida para la nueva existencia que quieres vivir.

A modo de recordatorio, terminaré con *diez reglas para cambiar tu vida* extraídas de nuestra andadura junto a Jane, que espero que consideres ya tu amiga atemporal.

1. *Siéntete orgulloso de ti.* Eso no significa ser arrogante, y mucho menos egocéntrico. Sé capaz de ver lo bueno que tienes, aquello que te hace única y diferente al resto del mundo. No esperes a que otros te lo reconozcan.
2. *Atrévete a ser tú.* Como decía Oscar Wilde, «el resto de los papeles ya están cogidos». Olvídate de las expectativas que la sociedad o los demás tengan de lo que deberías ser y hacer. Y no dejes de preguntarte: «¿Qué es lo que yo quiero?».
3. *Decide tu mirada sobre el mundo.* ¿Quieres enfocarte en lo negativo, en lo que te falta? ¿O prefieres vivir con gratitud e intención constructiva? Allí donde pongas tu atención estará tu realidad.
4. *No dejes de aprender.* Ver y descubrir cosas nuevas te cargará las pilas del alma. Cada buena lectura o película, los viajes y las conversaciones interesantes son combustible para crecer, además de una fuente de felicidad.
5. *Practica la asertividad.* Eso implica manifestar aquello que quieres, así como decir «No» a aquello que no quieres, bien sea porque no te beneficia o porque deseas invertir tu tiempo en otras cosas. No estás en deuda con nadie. ¡Vive tu vida!
6. *Busca momentos de recogimiento.* Como sugería Aldous Huxley en el título de una de sus novelas, «el

tiempo debe tener una pausa». Huye del mundanal ruido y refúgiate en el silencio, en las labores manuales, en aquello que aporte paz a tu corazón.

7. *Date segundas oportunidades.* Tal vez en el pasado las cosas no salieron como tú querías, pero ahora eres otra persona. Has madurado y crecido. Puedes ir más allá. Ten en cuenta que muchas cosas en la vida, entre ellas el amor, no salen a la primera. Aventúrate de nuevo.
8. *Aprovecha los cambios.* Desde el momento mismo en que nacemos, nos vamos transformando sin cesar. Y lo mismo sucede en el mundo que nos rodea. Puedes dejarte ahogar por las olas o aprovecharlas como impulso.
9. *Hazte amigo de tus emociones.* No son buenas ni malas, pero sí son útiles y necesarias. Te informan de cómo estás en el mundo, de lo que te conviene y lo que no. Son tu brújula para encontrar, momento a momento, tu camino en la vida.
10. *Nunca te rindas.* Las dificultades son solo piedras de toque para saber hasta qué punto deseas lo que te has propuesto. Como Jane Austen cuando quiso ser novelista, en aquello que dependa de ti, jamás renuncies a cumplir tu sueño.

Ha sido un enorme placer compartir contigo este paseo. La parte más importante, la tuya, empieza justo cuando cierres este libro en el que nos hemos conocido.

¡Te deseo una feliz aventura de vida!

Agradecimientos

De niña, me encantaba escribir en cuadernos de espiral. Pasaba horas llenando páginas con historias, y aún más tiempo mirando por la ventana, imaginando vidas que no eran la mía. Y, sin embargo, me rondaba una idea persistente: yo no podré. No sabía del todo qué era eso que no lograría, pero sentía que los grandes sueños estaban reservados para otros.

Hasta que, un día, apareció otra voz. Pequeña, decidida. Una voz que me susurró: ¿Y si lo intentas? Lo hice. Y la vida me llevó más lejos de lo que jamás habría imaginado: viajé por medio mundo, publiqué libros y escribí una tesis doctoral en Bath, la ciudad donde vivió mi escritora favorita, Jane Austen.

¿Qué hizo posible ese cambio? Los referentes. Mujeres que, antes que yo, se atrevieron a decir que sí. Mujeres que abrieron camino, que desafiaron lo establecido, que hicieron avanzar el mundo —no solo para ellas, sino para todas—. Jane Austen fue una de las primeras para mí, pero vinieron muchas más. Gracias a ellas comprendí que crecer también es creer, y que las palabras pueden ser una forma de libertad.

Pero, como ellas, nunca he caminado sola. Este libro no existiría sin las personas que me han acompañado con amor, generosidad y coraje.

Francesc Miralles ha sido una de esas presencias luminosas. Siempre ha estado ahí, con una confianza firme y serena, recordándome que sí, tú puedes, Carla; puedes con todo. Y cuando yo dudaba, él ya lo sabía por mí. Su apoyo ha sido un ancla, una brújula y una mano tendida.

Gracias también a mis agentes, Berta Bruna y Sandra Bruna, por estar a mi lado con una mezcla perfecta de calidez, instinto y determinación. Gracias por apostar por este libro, por cuidarlo desde el primer momento y por acompañarme desde hace años con una fe ciega en mi capacidad y talento.

A Mónica Adán, la primera editora de este libro, por creer que merecía ver la luz y por compartir conmigo la idea de que Jane Austen no es solo una autora de historias de amor, sino una gran pensadora que, con ironía y lucidez, defendió la libertad profunda del ser humano —y en especial, la de las mujeres—.

Y, por supuesto, a mi familia, amigos y amigas más cercanos que son mi casa y mi raíz. Gracias por darme inspiración, refugio, confianza y amor en cada etapa del camino. Gracias por sostenerme incluso cuando yo no sabía que lo necesitaba.

Este libro es para todas aquellas niñas y mujeres que un día pensaron que no podrían. Tal vez solo haga falta intentarlo.

Bibliografía recomendada

Las obras de Jane Austen gozan de muchas y variadas traducciones a nuestro idioma. Por este motivo, no quiero recomendar unas en detrimento de otras de calidad parecida, aunque las personas encargadas de verter a nuestro idioma los libros de la autora hayan llegado a distintas soluciones.

Recomiendo que te guíes por tu propio criterio a la hora de elegir la editorial y versión que te merezca más confianza.

Los ensayos o biografías sobre la autora ya están referenciados con nota al pie. La bibliografía recomendada que sigue ha sido referida a lo largo del libro para explicar, desde otras miradas, los distintos temas que hemos ido viendo.

ARISTÓTELES, *Ética a Nicómaco*, Alianza.
BERNE, ERIC, *Juegos en que participamos*, Gaia.
BOLINCHES, ANTONI, *Amor al segundo intento*, Urano.

CAMERON, JULIA, *El camino del artista*, Aguilar.
CORLEY, THOMAS T., *Rich Habits*, Entrepreneur Press.
DICKENS, CHARLES, *Historia de dos ciudades*, Alba.
GARCÍA DE ORO, GABRIEL y LUÍS, *Historiograma*, Destino.
HESSE, HERMANN, *Siddhartha*, Alianza.
KAFKA, FRANZ, *Carta al padre*, Alianza.
KISHIMI, ICHIRO y FUMITAKE KOGA, *Atrévete a no gustar*, Zenit.
MATSUMOTO, KEISUKE, *Manual de limpieza de un monje budista*, Duomo.
QUAN, DIANA, *El paraíso es tu casa*, Ediciones B.
ROVIRA, ÁLEX y FERNANDO TRÍAS DE BES, *La buena suerte*, Zenit.
ROVIRA, ÁLEX y FRANCESC MIRALLES, *Homo Solver*, Kitaeru.
SHETTY, JAY, *Piensa como un monje*, Grijalbo.
SUZUKI, NOBUO, *Maneki Neko*, Obelisco.
TALEB, NASSIM NICHOLAS, *El cisne negro*, Paidós.
THOREAU, HENRY DAVID, *Caminar*, Alma.

Este libro
se terminó de imprimir
en el mes
de octubre de 2025

«Para viajar lejos no hay mejor nave que un libro».

EMILY DICKINSON

Gracias por tu lectura de este libro.

En **penguinlibros.club** encontrarás las mejores recomendaciones de lectura.

Únete a nuestra comunidad y viaja con nosotros.

penguinlibros.club